元宇宙赋能

高校思想政治教育创新实践研究

刘维刚　著

中国广播影视出版社

图书在版编目（CIP）数据

元宇宙赋能高校思想政治教育创新实践研究 / 刘维刚著 . — 北京：中国广播影视出版社，2023.10

ISBN 978-7-5043-9074-5

Ⅰ . ①元… Ⅱ . ①刘… Ⅲ . ①高等学校—思想政治教育—研究—中国 Ⅳ . ① G641

中国国家版本馆 CIP 数据核字（2023）第 134084 号

元宇宙赋能高校思想政治教育创新实践研究

刘维刚　著

责任编辑：王　波
封面设计：人文在线
责任校对：张　哲

出版发行：中国广播影视出版社
电　　话：010-86093580　010-86093583
社　　址：北京市西城区真武庙二条 9 号
邮政编码：100045
网　　址：www.crtp.com.cn
电子信箱：crtp8@sina.com

经　　销：全国各地新华书店
印　　刷：三河市龙大印装有限公司

开　　本：710 毫米 × 1000 毫米　1/16
字　　数：200（千）字
印　　张：14.75
印　　次：2023 年 10 月第 1 版　2023 年 10 月第 1 次印刷

书　　号：ISBN 978-7-5043-9074-5
定　　价：72.00 元

前　言

　　习近平总书记在中国共产党第二十次全国代表大会上的报告中强调，教育、科技、人才是全面建设社会主义现代化国家的基础性、战略性支撑。必须坚持科技是第一生产力、人才是第一资源、创新是第一动力，深入实施科教兴国战略、人才强国战略、创新驱动发展战略，坚持教育优先发展、科技自立自强、人才引领驱动，加快建设教育强国、科技强国、人才强国，加快实现高水平科技自立自强，以国家战略需求为导向，集聚力量进行原创性、引领性科技攻关，坚决打赢关键核心技术攻坚战。高校作为国家战略科技力量的重要组成部分，在国家创新体系中发挥重要作用。党中央始终对高校结合自身优势助力实现科技自立自强寄予殷切期望。高校要切实履行人才培养、科学研究、社会服务、文化传承等职能，充分发挥自身在实现国家科技自立自强中的重要作用。教育科技创新是高校科技创新的重要一维，也是助推高校教育高质量发展的动力来源，将科技创新成果融入高校教育场域进而推动高校教育不断创新发展，既是科技创新成果应用转化的必然选择，也是更好发挥高校在科技创新过程中的重要角色和功能，进而更好服务于建设社会主义现代化国家需要的必然要求。元宇宙作为当下科技发展的最前沿方向和最新领域，具有广阔的教育应用前景，将元宇宙技术融入包括高校思想政治教育在内的教育场域，将有助于夯实教育创新发展的科技支撑，有助于以此为抓手促进高校人才培养、科学研究、社会服务、文化传承等功能的更好发挥，有助于高校充分彰显"基础科学研究主力军""重大科技突破策源地""科技人才培养主阵地"三大关键性作用。

随着5G、物联网、区块链、数字孪生、人工智能、虚拟现实等新一代信息技术的发展，社会信息化即将进入一个新的时代，即元宇宙时代。元宇宙时代的到来使得社会思想文化领域呈现出愈发复杂的多元性、多变性特征，与之相伴生的意识形态交锋和价值观冲突也日渐显现。那么，作为主流意识形态建设主渠道的高校思想政治教育，将会在元宇宙时代面临哪些挑战？高校思想政治教育如何适应元宇宙时代提出的新要求从而实现与"元"俱进？这便是笔者想要通过本书来回答的问题。本书认为，高校思想政治教育要用好元宇宙技术，不断提高对元宇宙发展规律的把握能力，使元宇宙技术能够在各项工作中发挥更大作用。本书从问题意识出发，围绕元宇宙背景下的高校思想政治教育这一主题，力图聚焦"元宇宙赋能高校思想政治教育创新实践"这一核心问题，探索元宇宙赋能背景下高校思想政治教育创新发展的途经与方向。

本书共包括六个章节。第一章是绪论，主要阐述了研究背景和意义，全面梳理了研究现状并进行了相应的述评，凝练地概括了本书的研究方法和研究思路。第二章系统梳理了元宇宙概念的来龙去脉，首先梳理了元宇宙概念的发展简史，总结了学界关于元宇宙字面含义和深层内涵的论争，而后梳理了元宇宙实践应用的现状和未来趋势，并阐述了元宇宙技术对人类社会的深刻影响。第三章从多维度出发对元宇宙在教育领域中的应用进行了审视，主要涉及元宇宙的教育应用价值、教育元宇宙的核心架构、关键技术、基本特征、实践应用现状等核心问题。第四章旨在探讨元宇宙技术赋能高校思想政治教育的必然性逻辑，主要从元宇宙赋能高校思想政治教育的必要性、元宇宙赋能高校思想政治教育将给后者带来的机遇、挑战三个层面展开论述。第五章从理论维度审视了元宇宙赋能高校思想政治教育的学理依据，主要包括思想政治教育基础理论依据和其他相关理论借鉴。本书第六章对元宇宙赋能高校思想政治教育的可能路径进行了构想性探讨，分别从场域体系、学习体系、治理体系、能力体系、保障体系和学科体系六个方面提出了探讨性的路径选择。

本书结语部分认为，元宇宙赋能高校思想政治教育使得后者在技术工具的运用上变得更为精准、在方式方法的选择上变得更为多样。元宇宙赋能高校思想政治教育是一项具有复杂性的教育实践活动，赋能过程离不开复杂性思维、复杂性方法、复杂性工具。这就需要高校思想政治教育工作者及时转变思维方式，学习新的方法，掌握先进的教育元宇宙工具。元宇宙对高校思想政治教育的一个重大贡献就是力求运用一系列技术实现对人的思想情感的量化和可视化把握，从而深化了高校思想政治教育对实际情况的把握能力，它为高校思想政治教育带来的影响是全面的、立体的。新时代的高校思想政治教育应当主动适应元宇宙时代的要求，努力实现元宇宙与高校思想政治教育的深度融合，从而在技术与教育的有机统一中提升高校思想政治教育的针对性和实效性。

目　录

第一章　绪论

第一节　研究背景与研究意义

一、研究背景

"元宇宙"一词译自英语名词"Metaverse"，该词最早见于一本1992年出版的名为《Snow Crash》（译为《雪崩》）的科幻小说中，[①]作者尼尔·史蒂芬森（Neal Stephenson），是美国的一名科幻作家。在这本小说的语境中，元宇宙是一种平行于现实世界的虚拟世界，人们可以在其中建造房屋、开展社交娱乐活动，甚至可以将元宇宙世界中赚取的虚拟货币拿到现实世界中使用。可见，元宇宙是一个充满科幻感和未来感的概念。但在相当长的一段时间内，元宇宙只是作为科幻小说中的一个名词而存在，并未引起人们的广泛关注。虽然关于元宇宙概念显性化的研究和讨论才是近几年发生的事，但表现形式更为宽泛的元宇宙世界观（如科幻文学与科幻电影中的赛博空间）则至少已经有几十年的发展史了。在元宇宙世界观发展演进的历程中，真正让其出圈的，并非是文学和电影艺术的想象，而是资本的力量。

---

① ［美］尼尔·斯蒂芬森：《雪崩》，郭泽译，四川科学技术出版社，2018年，第22页。

2021年，清华大学新媒体研究中心发布的《2020—2021元宇宙发展研究报告》指出："'元宇宙'热潮背后是AI、VR、AR、5G、大数据、数字孪生、云计算、区块链等相关技术的发展已经到规模化应用的临界点，是对新型技术的统摄性产品化想象，可统合诸多新兴技术，将其导向可落地的产品形态"。[①]从市场对新技术的需求来看，近些年来随着互联网全景式地融入人们的日常生产生活，以及VR、AR、MR、XR、5G、云计算、区块链等元宇宙支撑技术的长足进步，加上新冠疫情对娱乐休闲形态、办公学习形态、电子商务形态等带来的线上化、云端化重塑，使人们对元宇宙这种高级别的线上生产生活方式产生了爆发式的需求。元宇宙概念及其相关技术迅速站上了时代潮头，相关的产品如雨后春笋纷至沓来，用户数量也呈现稳步增长态势，这极大地激发了资本进入的积极性，于是各方资本竞相角逐，纷纷加大投资力度，以抢占市场先机。与此同时，随着资本的强力介入，元宇宙产业链雏形初现，相关软件、硬件、应用、内容、生态等不断完善，技术难题不断涌现又不断被破解，呈现出投入与产出相互促进的良好态势。

正是在这样的背景下，各大互联网巨头纷纷抢先布局元宇宙赛道。2021年10月28日，市值超5000亿美元的美国互联网巨头Facebook宣布了公司的战略转型计划，其转型的目标便是发展成为一家元宇宙公司，为了更好实现这一目标，Facebook甚至将其公司名称变更为Meta，而Meta正是Metaverse（元宇宙）一词的前缀，意为"元的"。无独有偶，在Facebook正式宣布战略转型前的2021年3月，号称元宇宙第一股的Roblox（一款沙盒游戏平台）已经成功在纽交所上市，这也是全世界第一家将元宇宙概念写入其招股说明书的公司。除了Facebook和Roblox之外，微软、英伟达、谷歌、腾讯、字节跳动等国内外互联

---

① 张志伟：《清华大学新媒体研究中心发布〈2020-2021元宇审发展研究报告〉》2021年11月23日，https：/baijiahao.baidu.com,s？ld=1714-658282730354191.

网科技巨头也纷纷入局元宇宙，并将其视为未来的创新方向。在各大互联网巨头布局元宇宙的同时，各国政府和行业组织也围绕元宇宙展开了"你方唱罢我登场"的角力。2021年5月，世界上第一个由政府部门组织发起的"元宇宙联盟"在韩国宣告成立，发起者是韩国的科学与信息通信技术部，该联盟致力于打造一个国家级的增强现实平台。同年11月，也是在韩国，世界上首个由城市政府发布的元宇宙发展计划，即《元宇宙首尔五年计划》颁布，该计划预计将拨款39亿韩元，从2022年开始分步骤打造一个集经济服务功能、文化服务功能、旅游服务功能、教育服务功能等为一体的行政服务生态体系。[①]一个月后，以FXCOIN为代表的日本虚拟货币交易平台宣布组建"一般社团法人日本元宇宙协会"。[②]在我国，元宇宙也相继进入了多地的政府工作报告或产业规划之中，例如在上海、合肥、武汉等城市2022年度的政府工作报告中已经出现了元宇宙的身影。另外，北京、南京、杭州等城市的一些产业发展规划中也有了元宇宙的"一席之地"。为推动规划的尽快落地，杭州成立了元宇宙专委会，深圳创立了元宇宙实验室，张家界设立了元宇宙研究中心。由此可见，发展元宇宙技术和产业，已经成为各地政府产业布局和发展计划中的重要内容，各地已经从战略高度高调切入了元宇宙这一发展新赛道。[③]

在资本力量和宏观政策的共同助推之下，元宇宙概念迅速席卷世界各地，成为经济、科技、政治、文化等社会各领域广受热议的话题。这可以从元宇宙词条的流行度和影响力上得到体现。在2021年，元宇宙词条分别入选了《柯林

---

① 陆睿：《韩国"元宇宙首尔"计划瞄准市政服务》，《经济参考报》，2021年12月14日，第2版。

② 财联社：《日本将成立"元宇宙"协会》，2021年12月8日，http://new.qq.com/omn/20211208/20211208A039JX00.html.

③ 王震：《各地适度超前布局基建 吹响经济"稳中求进"号角》，2022年2月24日，http://finance.people.com.cn/n1/2022/0224/c100432358745.html.

斯词典》年度热词、《咬文嚼字》年度十大流行语、"年度十大网络用语"。另外，截止到2021年12月底，以元宇宙为关键词在百度搜索引擎上查询，可以搜索到的结果超过了4000万个，其中图片超过30万张，百度知道超过了2000万条，百度资讯超过了200条。从搜索指数的变化来看，初期的搜索指数为798，之后搜索指数迅速增长，在年底达到了62068这一峰值。当然，词条的热度和百度搜索中的相关数据只是从某一方面反映了元宇宙的流行程度，虽不能以偏概全，但已经足够反映出人们对元宇宙的关注度，我们可以毫不夸张地将2021年称为"元宇宙元年"。[①]

元宇宙的飞速破圈并非偶然现象，而是有着深刻的社会历史动因。随着人类历史的车轮驶进21世纪，以人工智能、VR／AR／XR／MR、云计算、物联网、区块链、数字孪生、5G等为代表的数字技术愈发深入地融进人们的日常生活，为人们的生活方式增添了数字化生存这一新样态。在这种数字化转型过程中，虚拟与现实的边界愈发模糊，也愈发融合，使得人类的生存发展空间延伸到虚实交融的全新数字场域之中。正是在这样的背景下，"加快数字化发展建设数字中国"成为"十四五"时期的重要发展目标，并被写入2021年出台的《中华人民共和国国民经济和社会发展第十四个五年规划和2035年远景目标纲要》之中，[②]这无疑表明促进数字化转型已经上升为国家战略，成为未来新的发展方向。然而，要顺利实现这一目标，就必须突破Web2.0时代电脑屏幕的物理限制，推动互联网技术向着Web 3.0阶段迈进，从而为人类的数字化生存带来更真实的交互体验。而这种以高度真实的交互体验为表征的人类数字化

---

① 蔡苏，焦新月等:《打开教育的另一扇门——教育元宇宙的应用、挑战与展望》，《现代教育技术》，2022年，第1期，第16–26页。

② 《中华人民共和国国民经济和社会发展第十四个五年规划和2035年远景目标纲要》，http：//www. gov. cn/xinwen/2021–03/13/conten_5592681. html.

生存新样态正是元宇宙的基本内容。具言之，人类生活的数字化转型为元宇宙时代的到来奠定了基础条件，而元宇宙则为人类的数字化生存勾勒出未来图景，使其由抽象化的概念转变为具象化的行动。因此可以说，元宇宙时代的到来既是数字化的大势所趋，也是数字化的高级形态。

元宇宙反映的是人类对突破时空桎梏的期待，它可以被形象地理解为一个通向虚实融合世界的门户、一个几乎可以调动所有感官进而获得沉浸体验的场域、一个基于现实又超脱于现实的魔幻空间、一个人类社会发展的新起点。与元宇宙类似的期待实际上早在20世纪80年代的科幻小说中已经有所体现，但与科幻小说天马行空般的想象不同的是，元宇宙是建构在一系列成熟技术支撑基础上的，具有相当的现实性和可行性。元宇宙将众多离散的单点式数字化创新聚合成集成式的协同创新，这将极大地改变人类生产生活的境遇，带来超乎想象的发展潜力与机遇，带动游戏、社交、艺术、设计、商业等众多领域取得突破性变革，[1]甚至可能成为拉动经济社会发展的全新引擎。这是因为元宇宙本身关涉了很多基础科技产业，如互联网产业、通讯产业、智能穿戴设备产业等。元宇宙理论家马修·鲍尔（Matthew Ball）认为，元宇宙是互联网生命化的产物，是以互联网软硬件为依托建立起来的具有高度体验感的社会网络。这即是说，元宇宙至少能够带动互联网软件和硬件产业的发展。可见，技术和产业支撑了元宇宙的建构和发展，为交互元宇宙、经济元宇宙、政治元宇宙、文化元宇宙等提供了物质保障。反之亦是如此，元宇宙催生出的新型经济、政治、娱乐、文化形态又进一步促进了元宇宙技术的创新发展。除此之外，元宇宙不仅能带动许多新产业和行业的诞生，还将重塑现有产业和行业的格局，为现有产业和行业带来重大发展机遇。例如，作为元宇宙核心技术的区块链、

---

[1] 钱志新：《数字化新认知——元宇宙》，2021年11月30日，http://jspopss.jschina.com.cn/23791/202111/t20211129_7328758.html.

NFT能够为虚拟产品（如数字藏品等文化产品）提供确权和流转凭证，有利于推动文化产业在虚拟空间中的繁荣发展。又如，元宇宙的虚拟现实技术和数字孪生技术可以推动信息的传播形式由"终端型信息"向"场景型信息"转变，带来更加立体的信息消费体验，重塑和升级现有传媒产业的模式。元宇宙相关技术还能够应用到娱乐、会展、旅游、医疗、金融、图书馆等多种领域之中，为人们打造出多元化、智慧化的服务场景，构筑起行业发展新的增长级。

除了以上行业以外，元宇宙在教育行业中也有着广阔的应用前景。[①]元宇宙破圈后随即便引发了教育领域的高度关注，尤其是在新冠肺炎疫情全球肆虐的背景下，教育行业无比渴求和期盼元宇宙能够在教育领域中发挥其跨平台、强交融的优势。2020年，美国加州大学首次在一款名为《我的世界（Minecraft）》的元宇宙产品上举行了毕业典礼。韩国教育部以首尔市2000多名中小学生为试点对象开展了建设元宇宙教室的计划，并有意将元宇宙教室打造成未来创意教学的中心。在我国，中关村互联网教育创新中心也很早就联合多方平台建立了自己的元宇宙教育实验室。可见，将元宇宙融入教育事业已成为行业共识。教育元宇宙是"利用VR/AR/MR、数字孪生、5G、人工智能、区块链等新兴信息技术塑造的虚实融合教育环境，是虚拟与现实全面交织、人类与机器全面联结、学校与社会全面互动的智慧教育环境高阶形态"。[②]元宇宙在教育领域的应用价值主要包括以下几个方面：一是元宇宙能够为教育对象的认知建构提供情境赋能，为教育对象创造多样化的动手实操和具身感知的机会。对学习者而言，若能使知识突破时空限制直观"呈现"在自己面前，并能

---

①　Yoo. G. S. , Chunk. . A Study on the Development of Gametypelanguage Education Service Platform Basedon Mateverse ［J］. Jour–nal of Digital Contens Society, 2021（9）.

②　刘革平，高楠，胡翰林，秦渝超：《教育元宇宙：特征、机理及应用场景》，《开放教育研究》，2022年，第1期，第24—33页。

够身处特定情境之中直接感知、实际操作和亲身体验"万事万物",往往可以起到事半功倍的效果。二是元宇宙能够重塑学生与教师三者之间的场域关系,克服现实世界的场域局限,创设教师与学生立体共在、虚实共生的教学场域,并能够让师生在这种共在、融合的场域中进行沉浸式教学互动。三是元宇宙能够运用多种技术手段创造丰富多样的交互方式,营造出能够调动几乎全部感官直接或间接参与的交互环境,扩展和丰富传统的认知空间和交互手段,使教师和学生都能够在教学过程中获得前所未有的交互体验。

二、研究意义

在多方入局、各显神通的背景下,学术界围绕教育元宇宙及其相关议题的探讨也在如火如荼进行中。短短数月内,国内教育界便接连举办了包括"元宇宙教育前沿峰会""元宇宙与未来教育研讨会"在内的多场学术研讨会,有多家学术期刊更是将"教育元宇宙"作为重点选题推出,以此来鼓励更多学者加入教育元宇宙研究的队伍之中,产出更多有价值的学术成果。目前,学术界对教育元宇宙这一热点的追踪正在持续进行中,已有相当多的研究成果细化到了教育元宇宙的概念澄明、表现样态、应用场景、核心技术、教学设计、实现效果等具体专题当中,一些全新术语也纷纷被创造和引入研究视域之中,呈现出各说所长、由点到面的研究态势,可见,教育元宇宙的研究热潮已初步形成。但众声喧哗之下我们可以发现,在具体的教育细分领域,如高校思想政治教育领域,尚欠缺相关的研究成果。高校思想政治教育作为教育事业的重要组成部分,既遵循着教育的基本规律,也有其特殊性所在。元宇宙作为一种技术路径,能否为高校思想政治教育的数字化创新实践提供技术支持?以怎样的方式提供这种支持?这些都是亟待研究并且有着重要研究价值的课题。当然,要回答好这些问题,我们就必须关注和研究好其他一些基本问题。例如,高校思想政治教育元宇宙到底是炒作还是未来发展的走向?可能成为互联网未来形态的元宇宙，究竟会给高校思想政治教育带来怎样的发展机遇？又会带来什么挑战？如何加快元宇宙融入高校思想政治教育场域的同时还能防范化解好各类风险挑战？诸如此类的问题，亟须从深层次做出思考和研究。回答和研究以上这些问题，正是本书写作的宗旨所在。当然，在对国内相关理论研究进行梳理和总结的基础上尝试着对以上问题之外的其他问题做出抛砖引玉式的探讨和回答，也是本书写作的目标之一。

第二节　研究综述

一、研究概况

在中国知网期刊数据库中以"元宇宙+教育"为题名进行搜索，截至2023年1月30日，共检索出相关记录107条，经过整理和筛选后匹配到论文107篇。从这些论文的发表时间来看，国内关于"元宇宙+教育"的研究成果最早可以追溯到2021年，有3篇文章，随后相关研究成果开始增多，在2021—2022年这两年间，有100篇文章都是在2022年发表的。可见，自2022年开始，"元宇宙+教育"相关研究呈现出井喷式增长的态势，体现了学术界对这一研究议题的共同关注，同时也反映出各大期刊对这一议题的持续跟踪和重视。从期刊分布情况来看，在这107篇论文当中，有52篇是发表在全国中文核心期刊和CSSCI期刊上的，比重占到了将近一半。说明学者们对这一议题的研究和探讨已经相当深入，研究水平和发文质量都比较高。总体上看，教育元宇宙已成为当前学术研究的热点议题之一。

二、研究内容

通过研读已有文献资料可以发现，当前关于教育元宇宙的研究主要聚焦在教育元宇宙的概念界定、价值意蕴、架构设计、核心技术、应用场景等方面。

概念界定方面，目前，研究者尚未在元宇宙的概念界定方面形成广泛共识，已有界定多是从技术角度和空间角度对元宇宙的概念做出阐释的。从技术角度的界定来看，有研究者认为元宇宙就是一系列先进互联网技术的集合体，如区块链、云计算等。并将教育元宇宙视为在教育领域垂直应用元宇宙技术的产物，是一种依托新技术打造的能够融合虚实事物的教育环境，现实与虚拟相互交织、机器与人类相互协同、社会与学校相互联结是其主要特征。[①]此外，在技术的应用程度上，教育元宇宙由高到低还呈现出明显的虚实联动、虚实融合、虚拟仿真、虚拟重现的特征。[②]从空间角度的界定来看，主要包括两种比较普遍的阐释逻辑。一种是将元宇宙看作能够与现实世界平行共存的虚拟空间，并将教育元宇宙看作建基在网络共享空间基础之上的虚拟教育世界，[③]融含了沉浸式的交互、平等化的资源、多样化的体验等多重特征。[④]另一种是将元宇宙看作数字新空间，这一新空间能够联结现实空间，承载起人类未来新的生活方式，并将教育元宇宙理解为能够突破时空边界、关系边界、交流边界、情感边界的，以交互为中心的，紧密联系真实世界属性和要素的新型教育形态。在空间角度的界定过程中，呈现出新词迭出，新旧术语穿插使用的特点，"全息思维""虚拟人""虚拟造物""星际文明""元宇宙文明"等科幻名

① 黄欣荣，曹贤平：《元宇宙的技术本质与哲学意义》，《新疆师范大学学报》（哲学社会科学版），2022年，第3期，第1—8页。

② 钟正，王俊等：《教育元宇宙的应用潜力与典型场景探析》，《开放教育研究》，2022年，第1期，第17—23页。

③ 华子荀，黄慕雄：《教育元宇宙的教学场域架构、关键技术与实验研究》，《现代远程教育研究》，2021年，第6期，第23—31页。

④ 钱小龙，时佳欣等：《中国特色教育元宇宙的理论雏形、现状分析和挑战应对》，《教育评论》，2022年，第3期，第3—11页。

词成为多次被提及的对象。

价值意蕴方面,学者们围绕元宇宙将给教育领域带来的可能影响以及教育领域如何对待元宇宙的问题展开了探究。杨新涯等认为,元宇宙具有重要的教育应用价值,将很大程度上改变教育的存在形态和发展样态,教育领域需利用好元宇宙创造的发展机遇,在虚拟空间构建起教育服务体系。[①]陈定权等认为,教育行业应精准把握自身在元宇宙时代的角色和定位,将未来重心转移到构建元宇宙基础服务能力上来,加强对教育环境的数字化改造和升级,推动教育资源的数字化整合优化,研究制定资源共享、空间改造和服务规则等的标准。[②]张兴旺等认为,元宇宙为教育的转型升级提供了富有创造力的理论、方法与技术,教育元宇宙作为元宇宙的重要应用领域,能够帮助教育场域中的主客体全面感知人、机、物、环境等要素以及要素之间的相互关系,实现虚拟教育空间与现实教育空间的有效衔接。[③]以上学者关于教育元宇宙价值意蕴的初步研究为今后深入认识元宇宙提供了有益探索,也为探究元宇宙背景下教育的未来形态和可能的发展方向提供了丰富的视角。

架构设计方面,众多学者对如何构建教育元宇宙的基本框架提出了自己的见解。李默认为,教育元宇宙的体系架构主要包括物理层、软件层、数据层、规则层、应用层和交互层六个层面,并且以这六大架构为依托提出了建设教育

---

① 杨新涯,涂佳琪:《元宇宙视域下的图书馆虚拟服务》,《图书馆论坛》,2022年,第7期,第18—24页。

② 陈定权,尚洁,汪庆怡,程诗谣,郑炜楠,彭松林《在虚与实之间想象元宇宙中图书馆的模样》,《图书馆论坛》,2022年,第1期,第62—68页。

③ 张兴旺,吕瑞倩,李洁,雷薇:《面向元宇宙的图书馆信息物理融合研究》,《数字图书馆论坛》,2022年,第4期,第53—59页。

元宇宙的具体建议。①李洪晨等认为，沉浸理论对教育元宇宙的建设具有重要启发价值，认为教育元宇宙可在技术层、物理层、智能层的作用下对教育场域中的"人、场、物"及其属性关系进行重塑，新的场域关系继而反过来作用于元宇宙架构的发展和完善。②这些研究都为教育元宇宙的建构提供了可资参考的设计思路和方法。

　　技术应用方面，学者们着重探讨了教育元宇宙所包含的核心技术及其技术效用。杨新涯等认为，教育元宇宙的虚拟教育环境可以利用VR技术来构建、教育元宇宙的信息安全保护可以利用区块链技术来构建、教育元宇宙的知识服务引擎可以利用数字孪生技术来构建、教育元宇宙的学习支持服务可以利用人工智能技术来构建，并认为对教育元宇宙而言，以上都是值得深入探索的技术。③郭亚军等认为，教育元宇宙中的空间导航、虚拟信息资源建设等需要利用虚拟仿真技术来实现，教育元宇宙背景下需要推进相关技术的研究和运用，提高教育元宇宙虚拟仿真等能力。④陈苗等认为，作为区块链技术重要分支的NFT（非同质化代币）能够在学校图书馆、档案馆和博物馆等教育场域中得到广泛应用，并分析了这些应用过程中可能产生的技术、伦理、社会、经济等方

---

① 李默:《元宇宙视域下的智慧图书馆服务模式与技术框架研究》,《情报理论与实践》，2022年，第3期，第89—93页。

② 李洪晨，马捷:《沉浸理论视角下元宇宙图书馆"人、场、物"重构研究》,《情报科学》，2022年，第1期，第10—15页。

③ 杨新涯，钱国富，唱婷婷，涂佳琪:《元宇宙是图书馆的未来吗？》,《图书馆论坛》，2021年，第12期，第35—44页。

④ 郭亚军，袁一鸣，郭一若，李泽锋:《元宇宙视域下的虚拟教育知识流转机制研究》,《情报科学》，2022年，第1期，第3—9页。

面的影响。①以上专家学者关于教育元宇宙技术的研究成果涵盖了区块链、数字孪生、人工智能等教育元宇宙的通用技术，也涵盖了认知建构、记忆保存、资源建设等教育元宇宙具体工作中的专门技术，为教育元宇宙的实现和关键技术的应用提供了相对专业的分析和指导。

应用场景方面，学者们主要研究了元宇宙在教育过程中的应用场景和功能发挥。郭亚军等认为，教育领域应当积极运用元宇宙的技术和理念提升自身的水平和能力，并具体设想了元宇宙在智能教育、沉浸教育、主体交互以及云端教育中的应用场景。②娄方园等认为，元宇宙能够推动教育行业中社会教育领域的创新发展，作者同时对元宇宙赋能社会教育的具体场景进行了理性探讨，并从政府、教育机构、行业组织和个体四个参与主体层面提出了多角度的应对策略。③蒋宇楼等认为，元宇宙赋能在线教育将使在线教育的学习体验和交互体验获得质的提升。④傅文晓等指出，凭借数字孪生技术，教育元宇宙将能够帮助参与者体验虚拟且沉浸的经验习得过程，使情感触发不再"难以捉摸"，从而有效提升情感体验在教育中的促进作用。⑤钟正等认为，教育场域中的情境化教学场景、游戏化学习场景、个性化学习场景以及教学研训的场景都可以

① 陈苗，肖鹏：《元宇宙时代图书馆、档案馆与博物馆（LAM）的技术采纳及其负责任创新：以NFT为中心的思考》，《图书馆建设》，2022年，第1期，第121—126页。

② 郭亚军，李帅，张鑫迪，李捷《元宇宙赋能虚拟图书馆：理念、技术、场景与发展策略》，《图书馆建设》，2022年，第6期，第112—122页。

③ 娄方园，邹轶韬，高振，齐梦娜，王书瑶，王娟：《元宇宙赋能的图书馆社会教育：场景、审视与应对》，《图书馆论坛》，2022年，第7期，第25—32页。

④ 蒋宇楼，朱毅诚：《元宇宙的概念和应用场景：研究和市场》，《中国传媒科技》，2022年，第1期，第19—23页。

⑤ 傅文晓，赵文龙，黄海舵：《教育元宇宙场域的具身学习效能实证研究》，《开放教育研究》，2022年，第2期，第85—95页。

从教育元宇宙技术中获得助力，显著提升教育的整体服务体验。[①]刘革平等认为，元宇宙技术融入教育场域将为素质教育、全纳教育、职业教育、终身教育带来新的生机和发展机遇。[②]李海峰等认为，在元宇宙技术的加持之下，泛在可验证的智慧学习范式以及深度沉浸的体验式学习过程都将迎来快速应用的机遇。[③]以上学者关于教育元宇宙具体应用场景的研究充分说明，元宇宙在提高教育的科技水平和创新能力上具有很大的潜力，这些研究为元宇宙技术在教育领域中的落地提供了具象化的描述和呈现，有着很强的实践意义。

三、研究展望

以上学者关于教育元宇宙的研究成果初步反映了学界对这一议题的共同关注，研究主题丰富多样，研究成果蔚为壮观。既有宏观层面侧重于理念的理论研究，也有微观层面侧重于实操的实践研究，这些研究成果无疑将为我们科学认知和建构教育元宇宙提供重要的思想和实践指引。随着教育元宇宙这一研究主题持续得到学界的关注和深入探讨，以及相关理论、技术和应用的不断发展，笔者认为今后在这一研究主题上将会有更多新的研究视角、新的研究论点和新的研究方法产生，共同推动教育元宇宙的研究不断深化和发展。但从更加长远的眼光来看，目前关于教育元宇宙的研究仍然尚处于起步阶段，尤其是对教育元宇宙的实践应用而言，当前的研究仍然很不充分，教育元宇宙的未来发展仍然需要学界同仁持续加大研究力度、持续推进研究深度、持续加快研究进

---

① 钟正，王俊，吴砥，朱莎，靳帅贞：《教育元宇宙的应用潜力与典型场景探析》，《开放教育研究》，2022年，第1期，第17—23页。

② 刘革平，高楠，胡翰林，秦渝超：《教育元宇宙：特征、机理及应用场景》，《开放教育研究》，2022年，第1期，第24—33页。

③ 李海峰，王炜：《元宇宙+教育：未来虚实融生的教育发展新样态》，《现代远距离教育》，2022年，第1期，第47—56页。

度。从具体研究内容和研究方法来看，仍然存在一些值得学界同仁共同重视的问题。例如，在教育元宇宙中如何进行价值观教育和意识形态引领？教育元宇宙环境下师生如何应对新技术对自身能力和素质提出的挑战？教育管理者如何对教育元宇宙进行规范化的管理？这些问题都需要我们更进一步的研究和探讨。再比如，学者们采用的研究方法大多是文献研究法、经验总结法、分析比较法、网站访查法、头脑风暴法等，由于研究方法较为单一，研究成果出现内容重叠、思路相似、观点雷同等问题。由于教育元宇宙关涉的领域异常广泛，这就需要我们引入更为丰富的研究方法。另外，在一些研究具体问题的过程中，如在分析和构想元宇宙的具体应用场景时，仍然不免时常陷入工具思维优先的窠臼之中，表现为在探讨元宇宙技术为教育带来效果增益时，缺乏对伦理价值、意识形态方面问题的讨论，怎样平衡和解决好这些问题以避免教育场域变为元宇宙新技术的试验场，是未来研究亟待补足的方面。

第三节　研究方法与研究思路

一、研究方法

（一）矛盾分析法

高校思想政治教育元宇宙的研究需要采用矛盾分析法这一基本方法。矛盾构成了事物运行的内在机理，构成了事物的基本存在形式，任何事物都是在矛盾运动中发展变化的，并且这种发展变化存在明显的阶段区分。研究事物本质上就是研究事物的基本矛盾，把握事物的规律本质上就是把握事物矛盾运动变化的规律。高校思想政治教育元宇宙作为一种新生事物，其内部各要素之间存在非常复杂的矛盾关系，例如高校思想政治教育与元宇宙之间的矛盾关系、元宇宙愿景与元宇宙技术之间的矛盾关系、高校思想政治教育元宇宙需求与高校思想政治教育元宇宙现状之间的矛盾关系等。

（二）大数据分析法

大数据分析法是本研究中经常采用的研究方法。主要应用在文献梳理中关于研究缘起、研究现状、研究展望等的分析中，通过大数据分析法获得可视化的研究图谱，如词频、关键词等。词频是指某个词在文献中出现的频率和次数，而词频分析方法就是根据文献中核心词出现频率的数据分布，来分析研究对象的总体研究态势。关键词是对论文的核心词的概括，对论文的关键词进行分析可以形成对论文的总体性认识。

（三）案例研究法

案例研究法是指通过用案例启迪的方式获得研究思路的方法。面对一个新的研究对象，如果能够找到与之相类似的案例提供参考和借鉴，会对研究带来很大的助益。高校思想政治教育元宇宙是高校思想政治教育研究的新范式，库恩认为，范式包括符号、形而上学范式、共同价值和范例等内容，理解和应用高校思想政治教育元宇宙离不开相关的应用范例。事实上，典型的案例也是不容易寻找到的，本书精选到的一些案例是理解高校思想政治教育元宇宙的重要依据，对于开拓思路，提高对元宇宙的理解和应用能力有着重要的价值。

（四）多学科借鉴法

就当前的现状而言，关于高校思想政治教育元宇宙的研究还处于起步阶段，许多具体的研究尚未全面展开，在基础理论、平台建设等方面的研究亟待加强。在这样的背景下，开展高校思想政治教育元宇宙研究需要充分吸收和借鉴其他学科的学科优势，尤其是要充分吸收和借鉴它们的研究理念、研究方法、研究范式，以起到"他山之石可以攻玉"的效果。高校思想政治教育元宇宙研究之所以能够借鉴其他学科的学科优势，根本原因就在于它们之间有着很强的共通性。

二、研究思路

在搞清楚元宇宙基本理论的基础上，结合高校思想政治教育的基本原理，同时借鉴其他学科对元宇宙的研究成果，认识高校思想政治教育元宇宙的基本内涵，进而对高校思想政治教育元宇宙的本质规定性进行探索。探讨高校思想政治教育元宇宙的基本要素，即教育主客体、教育内容、教育方法等，从而刻画出高校思想政治教育元宇宙的总体样貌，提出构建高校思想政治教育元宇宙的未来设想。具体来看，第一，系统梳理元宇宙概念的来龙去脉，首先梳理元宇宙概念的发展简史，在此基础上总结学界关于元宇宙字面含义和深层内涵的论争，而后梳理元宇宙实践应用的现状和未来应用的趋势，并在此基础上阐述元宇宙技术对人类社会的深刻影响。第二，从多维度出发对元宇宙在教育领域当中的应用即教育元宇宙进行审视，主要涉及元宇宙的教育应用价值、教育元宇宙的核心架构、关键技术、基本特征、典型应用场景和实践应用现状等核心问题。第三，探讨元宇宙技术赋能高校思想政治教育的必然性逻辑，从元宇宙赋能高校思想政治教育的必要性、元宇宙赋能高校思想政治教育将给后者带来的机遇以及元宇宙赋能背景下高校思想政治教育面临的挑战三个层面展开论述。第四，从理论维度审视元宇宙赋能高校思想政治教育的学理依据，这种学理依据一方面源自思想政治教育基础理论本身对高校思想政治教育创新实践提出的要求，另一方面源自相关理论为元宇宙赋能高校思想政治教育提供的理论借鉴。第五，对元宇宙赋能高校思想政治教育的可能路径进行构想性探讨，分别从构建元宇宙赋能高校思想政治教育创新实践的场域体系、学习体系、治理体系、能力体系、保障体系和学科体系六个方面提出探讨性的路径选择。

第二章　初露真容：元宇宙的横空出世

第一节　元宇宙的发展简史

　　元宇宙一词翻译自"Metaverse"，最早现于1992年的科幻小说《雪崩》
*Snow Crash*中，作者尼尔·史蒂芬森（Neal Stephenson）。在这本小说中，作
者用极具想象力的手笔为读者描绘了一个借助网络搭建的、平行于现实世界的
"超元域"世界，即一个存在于网络空间中的虚拟实境。在这个世界中，人们
通过操控自己的数字化身（Avatar）工作、生活、休闲、娱乐、互动、交往、
消费，几乎所有现实中的事物都可以平移到这个"超元域"世界当中，并与现
实中的事物同步连接、同向发展、同步运行。虽然"元宇宙"这一术语的正
式出现是在尼尔·斯蒂芬森的小说之中，但"元宇宙"的雏形可以追溯到更
久以前。1963年斯坦利·温鲍姆（Stanley G. Weinbaum）的《皮格马利翁的眼
镜》*Pygmalions Spectacles*、1964年丹尼尔·弗朗西斯·加卢耶（Daniel Francis
Galouye）《幻世—3》*Simulacron—3*以及1981年弗诺·文奇的《真名实姓》
*True Names*等科幻著作都涉及了元宇宙的基本元素，即平行于自然宇宙并拥有
真实感官体验的虚拟世界。

　　关于元宇宙的设定不仅影响着科幻作家的创作想象，也不断激发着人们通
过电影艺术和游戏作品将这些想象变为视觉意义上的"现实"的努力。在现如

今发达的信息技术的支持下，影视、游戏作品可以利用充满表现力的视听画面构建起人类数字化生存的想象图景，展现具象化的元宇宙世界。1982年上映的科幻电影《电子世界争霸》为我们第一次展示了赛博空间（Cyberspace）。1999年上映的科幻电影《黑客帝国》为我们展示了一个超脱于现实世界的虚幻"矩阵"（Matrix）世界，体现了对元宇宙世界的超前预见性。2018年上映的科幻电影《头号玩家》，可以被视为一部具有开创意义的元宇宙电影，电影中的"绿洲"成为现实中的人们生活中不可缺少的一部分，在电影中，人们借助VR设备进入"绿洲"这个虚拟世界之中，从事在现实世界中无法实现的活动。除了以上三部电影以外，像《西部世界》《感官游戏》《阿凡达》《失控玩家》等电影都或多或少具有一定的元宇宙色彩，这些电影共同建构了人机交互、虚拟实境等元宇宙的想象框架。在游戏领域，Roblox、《我的世界》、The Sandbox、《动物森友会》、Horizon Worlds等游戏作品代表着游戏行业对元宇宙式游戏体验的初步尝试，客观上不断推进着对元宇宙可行性与可扩展性的验证，成为元宇宙落地与应用的又一重要领域。

相较于文学作品对元宇宙的"概念凝练"，电影和游戏则实现了对元宇宙的具象呈现，这主要得益于虚拟现实技术的发展。1960年问世的全球第一部虚拟现实装置"Sensoroma"（传感影院），为观影者第一次带来了三维图像、声音、气味等的多感官体验。1965年，首篇以虚拟现实技术为论题的学术论文提出了虚拟现实技术的必要元素，即交互式图形、气味、声音与强制性反馈，并强调了虚拟现实技术具有的"人机交接"特性。此后，以头盔显示器（HMD）为载体、以模拟触觉反馈为特征的虚拟现实技术也逐渐趋于成熟。从实践的角度来看，元宇宙的内涵和外延是在虚拟技术发展演进的历程中不断扩展的。根据布尔斯托夫（Boellstorff）和里帕蒙蒂（Ripamonti）等学者的研究，我们可将虚拟现实技术的发展划分为五个阶段。第一个阶段是指20世纪70年代，彼时由于体积、费用等的限制，虚拟现实技术的主要应用领域还只是分子生物学、军事研究、航空航天等领域，游戏等商业领域也有初步的应用，如以角色带入为代表的、基于文本的社交类游戏。第二个阶段是指20世纪80年代，彼时随着设备开发成本的显著降低，以2D图形界面为基础的虚拟现实技术开始进入商业化应用领域。例如，1986年由卢卡斯影业开发的主机游戏《栖息地》（Habitat），便是基于科幻小说《神经狼人》中的赛博空间概念打造的，其中运用到了非常多的2D虚拟技术。第三个阶段是指20世纪90年代，在这一阶段，基于2.5D或初级3D技术的虚拟世界得以建构，用户可以参与虚拟世界中的内容创建，还可以获得立体音视频的协同视听体验。第四个阶段是指千禧年伊始，彼时计算机仿真技术进步显著并获得普及化应用，加上互联网逐渐进入千家万户，使得很多用户能够进入虚拟世界当中，并能够在相关规则的引导下使用内容创作工具构建个性化创作。例如，作为这一时期标志性成果的"第二人生"（Second Life），其重要特色就是能够帮助用户将自己创建的3D物体等虚拟物品导入虚拟世界中。在商用领域之外，关于"第二人生"的教育研究与应用也相继出现。例如斯奇巴（Skiba）在护理职业训练中的有关研究和实践、菲利普斯（Phillips）在牙科医生训练中的有关研究和实践、马宏（Mahon）在教师课堂管理技能提升中的有关研究和实践等。第五个阶段是指2007年至今，这一阶段也是虚拟现实技术应用领域和技术水平的大发展时期。伴随互联网应用的更为普及化和开源技术的推广，更为小巧轻便且高性能的终端设备开始出现，虚拟世界开始呈现出移动化、即时化、分布式、开源化、去中心化、高仿真性等特征。例如，2007年的Solipsis和2009年的OpenSimulator就是典型代表。与此同时，虚拟现实本身的技术表征也发生了显著的扩增，从一开始的头盔显示器、感官传感器、触摸手套、3D立体音视频扩展到"临场感""沉浸性"等技术指标。目前，虚拟现实技术的最新进展是2020年Omniverse平台的诞生，该平台基于多核心GPU，能够实时进行模拟，并整合进了图像渲染、光线追踪、物理引擎等多种新技术，能够营造跨设备、实时性和超逼真的虚拟世界体验。

以上演进历程充分说明，虚拟现实技术及其应用范式是与互联网技术、游戏产业等的助推密切相关的。同时，消费市场端的旺盛需求也为企业加大投入开发虚拟现实技术提供了重要动力，在内外助力的共同作用下，虚拟现实技术开始突破单一应用领域向更加细分的行业拓展。例如，在世界飞机制造巨头波音公司的数字化转型过程中就广泛使用了数字孪生技术（Digital Twins）和数字线程技术（Digital Thread）为其提供技术支持，并且为公司带来了四成以上的产品研发绩效提升。实践中对虚拟现实技术的频繁使用也使得文学作品中的元宇宙具有了愈发清晰可见的现实性，虽然虚拟技术在微观实践中的应用并不能直接称之为元宇宙，但当社会生活、工作、学习等各个领域都与虚拟现实世界串联起来的时候，并且每个个体都能自由自在遨游其间的时候，元宇宙这一宏伟世界便自然而然就能够落成了。正如钱学森与戴汝为等科学家在书信中一起探讨虚拟现实技术时所认为的那样，"灵境"（即虚拟现实技术）对人脑的知觉工作具有极大的促进作用，能够使其达到前所未有的水平，可以帮助人类翻开历史的新篇章。从钱学森关于虚拟现实技术的思考中可以看出，元宇宙便是虚拟现实技术发展的终极目标与状态。

正是在这样的背景下，元宇宙开始逐渐引起了社会各界的关注。2007年，由哈佛大学、阿肯色大学、麻省理工学院、谷歌、林登实验室、微软等高等院校和研究机构共同成立的"加速研究基金会"（Acceleration Studies Foundation，ASF）宣布建立元宇宙路线图项目（Metaverse Roadmap Project），并发布了《元宇宙路线图：通往3D网络之路》，这是世界上第一个关于元宇宙的研究报告，该报告对元宇宙的内涵、划分、发展近况、现实挑战与未来路径等做出了初步分析。与此同时，该报告还对元宇宙的历史影响做出了高度的评价，认为元宇宙将对人类社会带来革命性影响，拥抱元宇宙既是一种高明的商业选择，也是一种优质的社会福利形式。虽然元宇宙很早就得到了相关机构的重视，但直到近年来，元宇宙才真正取得突破性进展。2017年，一篇名为《虚拟现实将会是区块链的杀手级应用》的文章引发了公众热议，该文作者弗雷德·埃尔扎姆（Fred Ehrsam），系美国比特币交易所（Coin base）的联合创始人。该文在对《雪崩》和《头号玩家》所展示的人类未来生活做出回顾的基础上，提出了对把虚拟世界的运营权交给脸书（Facebook）等中心化组织的担忧，认为这些组织中心化的特性决定了他们可以轻易攫取用户的虚拟财产、轻易篡改用户的个人档案、甚至轻易注销用户的身份账号。基于这样的担忧，弗雷德·埃尔扎姆提出了用区块链的方式运营元宇宙的构想，这标志着真正具有现实性的元宇宙时代的到来。2017以来，元宇宙一直都是加密货币领域的热炒概念，元宇宙+虚拟货币、元宇宙+虚拟资产、元宇宙+虚拟身份、元宇宙+非同质化代币（NFT）等成为各界探讨的热点，这激励着越来越多的企业和组织探索建立基于区块链的元宇宙项目的可行性，也诞生了Decentraland、Cryptovoxels等相关项目。一些头部互联网公司、制造业企业、医疗机构等也着手布局元宇宙项目。在互联网领域，全球最大的社交平台脸书公司宣布战略转型计划，即公司计划转型为一家元宇宙公司，并将公司更名为"Meta"。在制造业领域，德国宝马公司依托英伟达打造的元宇宙产品Omniverse建立了虚拟工厂，这个虚拟工厂可以为现实工厂提供仿真协作，实现了生产流程的转段升级，极大地提升了公司的智能化水平。在医疗领域，一家名为Surgical Theatre的公司提供的医疗元宇宙技术顺利帮助索罗卡大学医学中心首次完成了以色列第一个连体双胞胎头部分离手术。在各大企业和机构入局元宇宙，寻求未来新的发展方向的同时，国家层面的元宇宙发展计划也开始应运而生，其中，韩国是这方面的先行者。早在2021年5月，时任韩国科学和信息通信技术部副部长的赵庆植就曾宣布，韩国将建立全国统一的虚拟现实平台，借此打造一个国家级的元宇宙产业发展联盟。从行业层面来看，韩国的一些行业已经开始探索将元宇宙融入行业创新发展的过程中。例如，在金融服务领域，以

Kookmin等为代表的韩国银行正在尝试成立元宇宙分行，为元宇宙空间中的客户提供虚拟金融服务。在城市建设领域，世界上首个城市建设元宇宙愿景即《首尔愿景2030》提出，要通过推进经济元宇宙、旅游元宇宙、教育元宇宙、城市元宇宙、通信元宇宙、基础设施元宇宙和行政元宇宙等的建设来提升首尔市的城市服务水平。

第二节　元宇宙的含义论争

一、元宇宙的字面含义解读

元宇宙译自英语单词Metaverse，从构词学的角度来看，Metaverse是由meta和verse两个词根组成的合成词。其中前缀meta有"beyond"之意，意为"在……之上""超越"，词干"verse"则由"universe"简化而来，意为"宇宙""世界""空间"。众多学者都从这种构词学的角度出发来解读Metaverse的字面含义，将Metaverse理解为一种超越现实宇宙、现实世界的更高级别的宇宙、世界、空间或状态。那么Metaverse为何被翻译成"元宇宙"呢？这是因为在中文语境下，meta常被译为"元"，而汉字中的"元"亦有"在……之上"之意。例如英语单词"Metalanguage"就通常被翻译为"元语言"，即"语言之上的语言"，也即用来讲述或研究语言的语言；又如英语单词"Metanalysis"，也通常被翻译为"元分析"，也就是"分析之上的分析"，通过对已有分析结论或材料的再次分析，以求获得对事物本质的认识。汉语语境中的"元宇宙"借助"元"和"宇宙"两个词本身所具有的隐喻性，来表征"元宇宙"在时间维度和空间维度上的无限性和广延性，正所谓"四方上下曰宇，往来古今曰宙"①。从元宇宙的字面含义及其隐喻出发，我们可以将元宇宙理解为一种基于强大数字计算和数字创造能力的延伸性宇宙时空，这种延伸性宇宙时空虽然未必是真实存在的，却是对真实宇宙时空的超越。这可以从以下一些学者对元宇宙的理解中得到一定程度的确证。例如，鲁力立等人就认为，元宇宙代表了新事物诞生过程对旧事物消亡过程的取代，是时空的起点，也是对原有时空的超越，可以集所有时空事物、物质为一体，使人类认知达到最大范围，因此，元宇宙可以认为是一种与众不同的混沌宇宙。②胡泳等人认为，如果只从字面含义出发解释Metaverse，那么将Metaverse翻译成"超元域"会比"元宇宙"更为契合，超元域也就是超越次元的场域，具体点说，就是超越物理世界的数字生成世界，这种解释的另一个好处就是可以与同样超越物理世界的精神世界及其相关概念加以区分。③黄欣荣等持有类似的观点，认为虽然"Meta"皆有"元"或"超"之意，但"超宇宙"更能表达Metaverse的本意，即便元宇宙的译法更为流行，但也需要加入"超宇宙"的理解。④杜骏飞同样持此种观点，认为将"Metaverse"翻译为元宇宙是远远不够的，因为"Metaverse"还代表着一种"超级经验体系"，因此将"Metaverse"译为元体系或超体系更为恰当。⑤通过考察以上观点可以发现，众多学者都是认同将

① 《中国大百科全书》，中国大百科全书出版社，1998年，第5899页。

② 鲁力立，许鑫：《从"混合"到"混沌"：元宇宙视角下的未来教学模式探讨——以华东师范大学云展厅策展课程为例》，《图书馆论坛》，2022年，第1期，第53—61页。

③ 胡泳，刘纯懿：《"元宇宙社会"：话语之外的内在潜能与变革影响》，《南京社会科学》，2022年，第1期，第106—116页。

④ 黄欣荣，曹贤平：《元宇宙的技术本质与哲学意义》，《新疆师范大学学报》(哲学社会科学版)，2022年，第3期，第119—126页。

⑤ 杜骏飞：《数字交往论（2）：元宇宙，分身与认识论》，《新闻界》，2022年，第1期，第64—75页。

"Metaverse"译为元宇宙、超宇宙或超元域的。

二、元宇宙的深层内涵论争

元宇宙成为社会热词之后，人们自然会追问，元宇宙除了字面含义给人的联想以外，其本质性规定究竟是什么？抑或又内蕴着哪些深层含义？元宇宙究竟只是自然宇宙投影于虚拟空间形成的数字宇宙，还是它本身也包含着自然宇宙？显而易见，不同的学者对此有着截然不同的观点。有学者认为元宇宙早就已经存在了，元宇宙其实就是网络空间，它伴随着互联网的产生而产生。有学者认为元宇宙其实就是赛博空间的最新表述，而赛博空间这一概念早在20世界90年代就已经被提出了。有学者将元宇宙视为一种将现实世界数据化之后形成的数据空间。也有学者认为元宇宙是一种对现实的虚拟（VR）或对现实的增强（AR），只不过这种虚拟或增强的效果需要借助专业的VR或AR设备才能实现。还有学者认为，元宇宙是应对社会信息化、虚拟化发展趋势的必然选择，是互联网技术发展到高度发达阶段的必然产物，象征和实现着对虚拟世界的升级和对虚拟社会系统的创造。可见，从现有的研究来看，关于元宇宙深层含义的理解可谓各有见地、难归一统的，这种现象一方面反映了当前研究的发展性，另一方面元宇宙本身就内蕴着非常丰富的含义。

对一个不断演化、不断完善的新概念而言，人们暂时无法形成相对一致的理解也是一种正常现象，而联系过去已有的旧概念来认识新概念、理解新事物就成为通常的做法，当然，众说纷纭、各抒己见对更好认识元宇宙概念也是大有裨益的。梳理现有的研究成果可以发现，当前学界、业界对元宇宙深层含义的理解存在着多种解释范式，如李海峰等的研究就总结出了"具身网络说""虚拟时空说""社会生态说"和"虚实融合说"这四种解释范式。元宇宙第一股罗布乐思（Roblox）则提出了元宇宙的八属性说，即身份属性、经济属性、社交属性、文明属性、多样性、沉浸感、随时随地和低延迟。笔者通过分析现有研究成果，总结了以下几种对元宇宙深层含义的解释范式：

第一，虚拟世界观。在我国数字资产研究院院长朱嘉明看来，元宇宙与现实世界之间存在着一种平行和独立的关系，它是一个通过映射现实世界而得到的虚拟空间和虚拟世界，并且是一种越来越接近于真实世界的虚拟世界。这一论点也是当前持虚拟世界论的定义中最具代表性的定义。[①]与之具有相同解释范式的还有"虚拟世界群"论，即将元宇宙理解为由数字化身构成的虚拟世界群，这种虚拟世界群具有三个方面的典型特征：一是物理感觉性，即能够通过数字化身获得"现实可感"的物理感觉性；二是交互性，即数字化身之间能够进行具身交互；三是永续性，即虚拟空间能够永续开放。也有持虚拟世界论的学者将元宇宙视为一种由计算机模拟创生的能够获得沉浸式体验感的数字三维空间，处于这一数字空间中的用户可以实时交互实现娱乐或工作的目的。此种观点实际上是将元宇宙视为建立在现实网络空间上的虚拟空间，即现实网络空间的放大版本，而非将其视为独立的虚拟空间。也有类似的观点认为元宇宙是一个规模巨大、操作性强并且可以实时渲染的三维虚拟世界，能够容纳大规模的用户同时进行体验，马修·鲍尔（Matthew Ball）将这种体验划分为以下七个方面：一是存续的永久性。二是实时性、同步性。三是无限性，能够容纳大规模的用户同时在线，且每个用户的临场感都是独立的、独特的。四是拥有系统完善的经济功能，用户能够在其中进行购物、消费、创作、投资等。五是能够营造融通物理和虚拟两个空间的体验。六是高度的互通性，即用户的数字资产、数字身份、社交关系等能在虚拟世界中高度互通，并且能够与现实世界建立广泛的接口以实现联通。七是能够吸引大量的内容创作者为虚拟世界注入源源不断的内容，创作主体包括但不限于个人、企业或组织等。

---

① 杨柯：《"元宇宙"爆发，游戏之外的"元宇宙"能带来什么》，《财富时代》，2021年，第10期，第20页。

第二，Web3.0技术观。从互联网的视角来看，元宇宙实际上是互联网技术发展到Web3.0阶段的产物，是互联网技术应用到社会生活方方面面之后催生出的新型互联网应用形式，因此许多学者认为下一代的互联网就是元宇宙（聂辉华和李靖，2021），更有甚者认为元宇宙就是终极形态的互联网（方凌智和沈煌南，2021）。Web3.0是指互联网技术经过Web1.0和Web2.0的迭代升级之后的最新形态，有别于Web1.0时代只能读取数据和Web2.0时代只能读写数据，Web3.0时代的互联网基于区块链技术打造而来，用户拥有了"我的互联网我创造、我做主"的能力和权限。而Web3.0技术助力之下的元宇宙区别于Web2.0技术的网络世界的根本点就在于，它能够通过虚拟现实技术营造沉浸式体验、依托区块链技术建立经济和货币体系、依托用户内容创作（User Generated Content，UGC）助力个人资产生成等。实际上，当前的互联网技术还未达到Web3.0的技术要求，但元宇宙的到来必然要求具备完善的Web3.0技术支撑。不仅是因为Web3.0作为元宇宙的底层基础设施具有不可或缺性，更在于只有Web3.0技术才能够帮助元宇宙建立起自己的数字化生态，让每个用户拥有对自己身份信息等数据的掌控权，让每个用户能够在元宇宙空间中自由开展社交、创作、娱乐、交易等活动。

第三，虚实融合观。此种观点不认同元宇宙是虚拟世界的观点，也不认同元宇宙是平行于现实世界的存在形式，而是认为元宇宙是一种虚实融合共生的存在形式，是人类在未来世界的生活方式。在未来的人类生活方式中，现实的人能够借助强大的交互技术操控虚拟世界中的数字化身，从而使人类进入不同以往的新的生活方式之中。在此过程中，现实的人的参与是不可或缺的，因而元宇宙必然是虚拟和现实融合的、共在的。就好比视频会议、社交软件、电子邮件等技术手段可以延伸人的社交空间，却不能脱离现实的人与人之间的社交关系。同理，用户可以借助虚拟现实技术、增强现实技术、沉浸式设备等进入元宇宙空间从事各种活动，但这些活动必须建立在现实的社会关系基础之上。

正如Meta的创始人扎克伯格所认为的那样：元宇宙是一个具身化的互联网，也正是因为具身性、临场感、瞬间移动、虚拟化身、自然交互、虚拟商品等属性的存在，人们才能够进入虚拟空间、体验虚拟空间。目前，由Meta公司开发的Horizon Worlds、Horizon Home、Horizon Workrooms等虚实融合型社交应用已陆续上线。从具体操作层面的底层逻辑来看，元宇宙之所以是一个融合物理世界与虚拟世界于一体的混合空间，并能够产生出虚拟资产、虚拟货币、虚拟身份等虚拟物态，根本原因就在于扩展现实技术、实时通信、多感官交互都要依靠现实中的人的操作来完成，对社交、娱乐、教育、工作等活动而言更是如此。因此，从虚实融合观的阐释角度出发理解元宇宙，可以发现元宇宙并不完全是一个新概念，也并非完全是一种颠覆性技术，而是正如麻省理工学院（Massachusetts Institute of Technology）媒体实验室创办人兼执行总监尼古拉斯·尼葛洛庞帝（Nicholas Negroponte）所提到的那样，它是一种具有虚实融合特征的人类数字化生存新样态。综上所述，在虚实融合观看来，元宇宙本质上就是一种能够融合虚实空间的混合空间，人们在现实生活中的工作、社交、娱乐等活动能够无缝对接到元宇宙空间之中。因此，完全有理由将元宇宙视为通过整合诸种创新技术而创造的融含虚拟世界与现实世界的互联网应用新形态和人类生活新样态。其中，虚拟现实技术是沉浸式体验得以获得的技术基础、数字孪生技术是现实世界得以映射到虚拟世界的技术基础、区块链技术是元宇宙空间中信任机制、经济体系和交换制度得以建立的技术基础，正是基于这样的技术基础，虚实空间中的社交系统、身份系统、经济系统等才能密切融合、相互联结，也正是基于这样的技术基础，每个用户才能在元宇宙空间中享有自由编辑和内容生产的权限和能力。加上元宇宙本身的阶梯性进化，即从一元元宇宙到多元元宇宙再到跨元元宇宙的进化发展，未来人类在元宇宙中的生活方式、生活空间和生活样态以及在元宇宙空间中的综合感官体验必将迎来颠覆性的变革。

第四，文明观。持文明观的学者将元宇宙视为一种"文明"概念，他们从各自的学科视角出发，思考、研究和阐释元宇宙的文明性、社会性等属性。就传播学的视角而言，在元宇宙技术的加持之下人类将能够实现现实生活与虚拟生活的融合，人类在身体、认知、通信等方面的局限性将得到极大的突破，从而获得史无前例的传播自由，人们将能够在元宇宙空间中以虚实融合的方式生产信息、传播信息，达到用数据联结虚拟生活与现实生活的新境界。就经济学的视角而言，可以将元宇宙视作一种以诚信为通证，能够自成一体的经济体系，这种经济体系为现实身份和现实财产的数字化、虚拟化提供了全新的路径。一方面，这种经济体系完全不受地理因素的限制，极大程度地降低经济行为的成本，其创造的虚拟空间能够为人类提供全时空的经济活动场域，并借助虚拟货币和区块链等技术建立起一个崭新的经济文明。另一方面，元宇宙之中的经济活动也存在与现有经济学相悖的一面，传统的经济学理论将在元宇宙得到重塑。同时，经济活动在现实中的内外循环将被元宇宙中的"虚拟循环"所取代，对现有的分工和交易模式产生巨大影响，甚至给一些传统行业和产业带来极大冲击，迫使其加快转型升级、加速融入元宇宙经济体系的步伐。就社会学的视角而言，元宇宙本质上是一个基于大数据和强大算法算力构建的虚实融生的立体社会，在这个虚拟世界和现实世界全面交织的立体社会中，经济系统、身份系统、社交系统等实现了密切融合。社会学的视角实际上是将元宇宙视为现实社会生态系统在虚拟空间中的真实映射，也可以将这类观点称为社会生态说，社会生态说显然超越了仅将元宇宙视为下一代互联网、经济体系等观点。易凯资本关于元宇宙的阐释是具有代表性的社会生态说，其元宇宙研究报告就指出，元宇宙是融合现实世界多种因素的结果，现实世界中的社会个体、社会生产力、社会关系、社会环境、生产资料、法律关系、经济关系、技术体系等要素共同构成了元宇宙的社会系统。[①]通过改造和重构这些现实世界中的社会要素，并映射到元宇宙空间中，就在元宇宙空间中形成了自成一体的社会系统。元宇宙的这种社会系统将是一个以元宇宙居民为中心，即以元宇宙居民为行动者的社会时空，元宇宙居民凭借其唯一的身份标识共同创建元宇宙空间中的生产生活、经济体系、法律规范、技术工具和基础设施等基本要素，最终组合、联结成一个全真的元宇宙社会系统。就哲学的视角而言，元宇宙是基于科学技术和人类思想共同创建的全新"社区"，在这个新社区的影响下，个体关于自身的认识以及关于自身存在方式的认识都将被重塑，人的生存空间将被极大扩展，人的自由而全面发展将被极大促进。与此同时，元宇宙生活方式的出现也将会引发人们对哲学基本问题的重新讨论，哲学将不得不面临重新研究物质和意识的相互关系问题。在哲学的视角下，元宇宙可以被视为一种新思想的孵化器。哲学观一直以来都包含宇宙观这一重要组成部分，并且宇宙观也是哲学的基本出发点。既然元宇宙必然涉及宇宙这个基本概念，那元宇宙也必然涉及宇宙观等哲学基本问题。而元宇宙概念的提出，对哲学本身而言意义非凡，它标志着哲学探索的重点将从物质对象、物质世界更多向精神对象、精神世界偏移。物质世界和精神世界共同构成了宇宙世界，客观实在性是物质世界的基本属性，即物质世界具有可感知、可观察、可实验等特征，具有很强的独立性。而思维世界，即人的精神世界是对物质世界的能动的反映，是由物质世界映射而成，即它是一个映射世界。精神世界不可见、不可感知，只能借助文字、声音、图像等形式加以描述。而随着元宇宙时代的到来，人的思维、思想等精神世界将迎来图像化、数字化、在线化、现实化、可视化的机遇，哲学视域中的精神世界第一次变得可观、可感、可测，不仅如此，这些可观、可感、

---

① 易凯资本：《2021元宇宙报告》，2021年11月12日，http://www.199it.com/archives/1309180.html.

可测的精神世界数据与现实世界的镜像数据将一起构成一个庞大无比的数据世界。因此，过去难以被直接认知，只能通过身、心去体验和感受心灵世界的认知方式将不再是唯一选择。随着元宇宙世界的搭建，物质世界之外将产生一个与之相对独立的数据世界。如果我们将物质看成是宇宙世界的身体，那么我们可以将数据看成是宇宙世界的心灵。这样看来，哲学视角之下元宇宙其实就是利用先进技术搭建的现实宇宙的数据之心和物质之身所共同构成的，而元宇宙环境之下的人类生存方式也将从只享有物质之身转变成物质之身与数据之心皆享有之。虚拟的数据宇宙作为宇宙之心，具有与个人的精神世界相似的独立性和自主性，同时又与物质世界和个人精神世界之间存在强烈的映射关系。现实社会中的各种法律道德约束和社会运动规律将暂时在这个虚拟世界中失去约束力，而人类的各种想象和创造力将取代其成为主导元宇宙空间建构的力量。因此，元宇宙将变成人类想象和创造力的实验室，人类的主观能动性将在这一空间中得到彻底的释放。同样，元宇宙也将为研究人的思想和观念的哲学学科提供全新的技术手段和创新空间。

第五，技术集成观。清华大学新媒体中心和毕马威中国关于元宇宙的定义是技术集成观的主要代表，前者在其《2020—2021元宇宙发展研究报告》中将元宇宙定义为一种将虚拟世界与现实世界密切融合的互联网应用新样式和社会新形态，它是通过整合扩展现实技术、区块链技术、数字孪生技术等多种新技术而形成的，并且每个用户都能够在其中拥有进行世界编辑和内容生产的权限。[1]后者在其《初探元宇宙》的报告中将元宇宙定义为一种实时在线网络，是包括区块链技术、交感技术、AI技术等在内的技术群集成赋能的结果，是一

---

[1] 清华大学新媒体研究中心：《2020—2021元宇宙发展研究报告》，2021年9月16日，https：//www. sgpjbg. com/baogao/52034. html.

种数字世界与物理世界相互耦合而生成的有机生态体系。①从技术本质的角度来看，元宇宙实际上就是各类信息技术的综合集成，展现了信息社会的整体技术图景。相较于其他信息技术概念，元宇宙之所以能引起社会广泛而迅速的反映，原因就在于它更全面、更完整地呈现了信息技术革命的最新图景。自二战以来，科技的发展促进了信息技术的更新迭代。早在20世纪60年代就有人提出人类已经进入信息时代，后来这一术语又演化为后工业社会、网络社会、第三次浪潮、大数据时代、数字时代、智能时代等术语。自20世纪中叶以来，以计算机、集成电路、互联网等为代表的信息技术如雨后春笋不断涌现，先后掀起了信息技术革命的股股浪潮，尤其是在20世纪90年代到21世纪初的这段时间，信息技术革命的脚步愈发加快，各种新技术轮番登台。第一是移动互联网的出现和应用，它使得20世纪以来的互联网实现了可移动化，极大地促进了信息传播的效率。第二是智能手机的出现和应用，它使得以智能终端为依托的网络社交迅速普及。第三是大数据技术的出现和应用，它使得万物皆可数据化，一个以数据为中心的世界开始形成。第四是人工智能技术的出现和应用，它使得互联网和大数据获得了更加广泛的应用空间，同时也让万物皆可智能成为可能。第五是区块链技术的出现和应用，它使得数据世界中的虚拟事物如虚拟货币等获得了可信赖的通证。第六是虚拟现实技术的出现和应用，它在大数据、人工智能等技术的加持下得到愈发广泛的应用。上述各类新技术极大地推动了信息革命的深入开展，每一种信息技术都有自身的优势和特色，都能够做到各领风骚数十年，且都对于推动社会发展和进步作用巨大。但未来的信息社会将是何种模样？将朝着何方前进？显然，每一种新技术都只能描述未来信息社会的其中一个方面，只有将这些技术综合集成起来，形成1+1＞2的系统优势和综合

---

① 毕马威中国：《初探元宇宙》，2022年3月2日，https://assets. kpmg/content/dam/kpmg/cn/pdf/zh/2022/03/first-explorat-ion-metaverse. pdf.

效果，未来信息社会的完成图景才能真正被呈现。正是出于这样的背景，元宇宙概念应运而生并且得到迅速响应。从技术集成的效能看，元宇宙能够整合虚拟现实、区块链、沉浸式体验、产业互联网、数字孪生、云计算等互联网全要素技术形态。而元宇宙的真正落地还需要整合底层基础设施、应用软件和终端设备等，还包括能够承载大规模数据传输的大宽带、云计算技术和低延迟网络等技术，为了能够获得深度的沉浸感，也需要整合VR/AR等感知设备，以上诸种先进技术整合融入元宇宙平台，便能够形成强大的技术合力，实现单向技术永远无法超越的综合性效能。

综合以上五种关于元宇宙深层含义的认识，虽然研究者们对元宇宙的解释观点各异，但也能从中找到元宇宙的一些主要特征，如沉浸感、社会文明、虚实交互、自由创造等。通过分析这些观点可以发现，元宇宙的本意就是通过整合大数据、超感技术、人工智能等一系列技术将物理宇宙进行数据化、信息化呈现，而后借助物联网技术、云计算技术、区块链技术、人工智能技术等对数据世界进行再加工，最后借助VR、AR等技术对加工后的数据世界进行可视化地呈现，最终形成一个现实宇宙的映射宇宙，这便是元宇宙。因此，在内涵上，元宇宙是通过数字信息技术映射和投影自然宇宙的结果，是综合集成各类信息技术而建构的数字化宇宙。在外延上，元宇宙集网络空间、数据世界、赛博空间、虚实融合空间于一身，是一个既能够与现实世界平行共在，又能够与现实世界保持独立的、社会与自然交融、虚拟与现实共在的文明空间和生态体系。概言之，元宇宙本质上就是在整合了高速通信、互联网、数字孪生、区块链、人机交互、人工智能、物联网等技术的基础上，借助智能设备和通信手段将现实世界与虚拟世界融合成一个整体，再通过丰富的想象力构造出一个能够镜像式映射现实世界的数据世界，从而满足人们追求深度沉浸感、超现实创造、跨域社交娱乐等的需要。元宇宙虽然至少包含虚拟和现实两个宇宙，但元宇宙关注的重点还是数据虚拟宇宙及其这种虚拟宇宙对现实宇宙的反作用。因此，作为现实与虚拟高度融合的社会文明新空间的元宇宙，我们对其的认知方式不能仅仅限于如扎克伯格所言的具身网络观这类单一视角，而应从元宇宙系统观的视角去认识和理解元宇宙的特征和本质。元宇宙的重大意义就在于它不仅重新塑造了人与技术之间的二元关系，同时也为如何充分探索和利用虚拟世界和现实世界的价值提供了新思路和新方法。

第三节 元宇宙的实践应用

一、元宇宙实践应用的现状梳理

当前，元宇宙在实践应用中已经获得了广泛响应。一方面，随着元宇宙技术集群中相关技术的飞速进步，大量的创新产品和应用如雨后春笋般不断涌入消费市场。另一方面，受到新冠肺炎疫情近年来的影响，人们的生产生活方式向数字化转型的步伐愈发加快。多方面因素共同促成了元宇宙概念在国内外一些行业领域中的流行和初级实践应用成果的落地。例如，在文化旅游行业中，坐落于德国的名为赫尔伦堡的著名旅游小镇自研了一套数字孪生系统，该系统不仅能够帮助游客沉浸式体验自然景观和人文建筑，还能够立体化、全方位模拟和监测小镇的交通系统、空气质量系统和人流量系统，这实际上是初步建立了一个与现实小镇融合共生的数字孪生小镇。[①]在我国无锡市的拈花湾景区也有类似的旅游元宇宙，其创意产品"禅意小镇"就是在虚拟现实、5G高速网络、数字孪生等技术的支持下打造的以地标拈花塔为核心的视觉体验型旅游元

---

① 李颖，邹统钎，杜烨琳：《文旅产业如何把握"元宇宙"发展机遇》，2022年1月24日，https://www.traveldaily.cn/article/150209.

宇宙，这种旅游元宇宙创意产品不但使景区的文化底蕴得到很好的挖掘，而且让游客获得了在千百年历史时空中来回穿梭的"超能力"，为游客带来与众不同的沉浸式实景体验。[①]

二、元宇宙实践应用的未来趋势

随着元宇宙底层支撑技术的日臻成熟和相关实践应用的日趋广泛，元宇宙必将在未来的社会变革中发挥愈发强大的影响，必将对社会各产业、各行业的转型升级产生愈发强大的促进作用。但作为一项复杂而庞大的系统工程的元宇宙，当前尚且处于发展的最初级阶段。元宇宙应用的广泛普及、元宇宙生态的系统构建，还需要技术集群、硬件基础、应用场景等多层次的保障。其中，硬件基础设施尤为关键，它为元宇宙提供着不可或缺的底层技术支持，不仅决定着元宇宙应用的基本技术架构，也决定着未来相关产业的整体布局和升级改进的技术理路。正因如此，元宇宙的发展很大程度上有赖于产业技术集群取得整体性的进步和突破，表现出比较鲜明的"木桶效应"。而若要使元宇宙接替移动互联网成为新的引领性时代力量，彻底成为未来人类的生活方式并建构起以元宇宙为中心环境的社会，未来的道路依然漫长。以当前很是火热的旅游元宇宙为例，还需要面对和解决好以下一些问题：一是对如何实现元宇宙与旅游产业的良性共生而言，虽然元宇宙与旅游产业的文化挖掘、场景再造与体验创新之间存在明显的耦合共促的关系，但其能否真正获得市场青睐还需要考察市场主体即消费者对产品正在体验和认知层面的欢迎程度。元宇宙创造的沉浸式旅游体验对消费者而言固然吸引力巨大，但当前的技术储备能否持续支持这种体验感的营造仍然是个不确定因素。例如，交互设备的研发和使用中是否充分考

---

① 拈花湾文旅：《拈花湾文旅华丽入局元宇宙，新概念赋能文旅新赛道》，2022年2月24日，https://www. Nianhuawanwenlv. \\com/news27_102. html.

虑到了人体工学，VR画面的帧率和分辨率是否达到了拟真的效果、是否会造成眩晕，网络带宽是否允许实时交互和低延迟数据传输等，而技术的发展以及相伴随的对技术的依赖也会对元宇宙空间中旅游产业的呈现方式提出挑战。二是从旅游元宇宙当前的发展状况来看，还存在一些亟待研究、解决的问题和风险：（1）偏重于从概念到概念的推演，实操层面的探索相对欠缺，甚至元宇宙本身只作为一种炒作的"噱头"，附着其上的实际上只是一些老套的内容；（2）构建旅游元宇宙所必需的技术"地基"还需要较长时间的研发和突破，其是否能够给用户提供安全、稳定的数据安全保障尚待确证，元宇宙旅游产品从技术愿景变成可体验的现实产品也需要一定的"试验期"；（3）旅游元宇宙所必需的能够提供长期稳定支持的经济系统、法律系统等也还未建立，道德失序和隐私侵犯等风险依然存在。例如其中的区块链技术，尽管从理论上来讲其具有的透明可溯源、共同记账等优势能够保障旅游元宇宙数据的安全有效，但从当前不成熟的实践来看，还远未达到这种程度，还需要着力解决好数字旅游藏品能否安全、跨链交易，虚拟货币能否安全、跨链流通等关键性问题。因此，加强旅游元宇宙概念研究的同时也要着力研究和解决好实操层面的痛点和堵点问题。一方面，旅游元宇宙是实践应用级别的元宇宙，研究和开发旅游元宇宙既要考虑到其底层逻辑、遵循元宇宙基本的运行规律，也要充分兼顾旅游元宇宙行业本身的特殊性，着重加强体验感的营造和突破。另一方面，也要实事求是地立足现阶段的发展实际，以现有技术为根基，分步推进，避免盲目求快而枉顾技术本身的发展规律。另外，旅游元宇宙所包含的虚实二元空间也将引发人们新的思考，例如如何界定旅游元宇宙空间中的"异地"？它与人们所熟悉的环境之间存在着怎样的耦合关系？具身认知在旅游元宇宙空间中会呈现出怎样的表现形式？具身与化身之间是一种怎样的联结机制？总体而言，未来国家数字化发展战略的实现必然离不开元宇宙的参与，唯有面向未来，方能灵活应对新的技术进步引发的变革浪潮。对旅游元宇宙而言，它并非仅仅是要实现所谓的"替代"，而是表征着更高维度的"进化"，而元宇宙也必将给旅游行业带来更加崭新的未来。

第四节　元宇宙对人类社会发展的影响

一、元宇宙能够促进互联网的革新迭代

1990年12月25日，蒂姆·伯纳斯·李第一次尝试了超文本传输，这一举动在不经意间开启了人类的万维网时代。经过21世纪初的这段飞速发展期，互联网进入了Web2.0时代。在科莫德（Cormode）和克里希纳穆尔蒂（Krishnamurthy）看来，第一代互联网（Web1.0）和第二代互联网（Web2.0）的主要区别就在内容生产者和消费者之间数量的差别上。具体而言，在Web1.0时代创造超文本内容的人只是少数，更多的人只是被动地接收信息，而到了Web2.0时代，处于互联网节点中的每个人可以既是视听内容的创作者，又是视听内容的消费者，并且内容本身的形式也会随着技术的进步而丰富。从最初博客主导的社交网络到后来微博主导的社交网络再到现如今短视频主导的社交网络，再加上区块链、人工智能等技术的加入，互联网的普及性、易用性、通用性、连通性等都得到显著提升。因此，马尔科夫（Markoff）等研究者据此提出了"Web3.0"时代、甚至"Web4.0"时代已经到来的观点，但也有观点认为，由于当前人们互联网生活的体验感还是建立在视觉体验和听觉体验基础之上的，从体验性的角度看，当前的互联网与Web2.0时代的互联

网并无本质上的区别。据此，有学者对互联网做了更为精细的时代划分。据其划分，Web1.0时代互联网的典型特征是超链接、静态、多数用户单向获得信息，它能够给用户提供视觉、听觉等的感官体验，这种体验感是扁平的、平面静态的，在连接特性上表现为人找信息的静态连接，其典型应用就是HTML静态网页；Web2.0时代互联网的典型特征是用户参与信息创建、实时交互与分享动态网络，它能够给用户提供视听融合的感官体验，这种体验是平面动态的，在连接特性上表现为信息开始被推送，其典型应用就是动态交互网页、BBS、博客、微博、Facebook等；Web3.0时代互联网的典型特征是高解析、高带宽传输、实时同步、低延迟，它能够给用户提供高解析的视听融合体验，这种体验是二维的甚至是三维立体的，在连接特性上表现为便捷的人与人、物与物、人与物的可信网络连接，其典型应用就是基于Dolby Atmos、Dolby Vision的4K HDR高解析流媒体音视频体验、高清直播平台、视频社交媒体、可信网络交易等；而下一代互联网的典型特征则是全真、沉浸性的可信泛在网络，它能够给用户提供高解析视听、嗅觉、触觉、味觉模拟感官体验，这种体验是多感官协同的、三维立体的，在连接性上表现为无缝转换虚实空间与特定应用场景，人被智能信息环绕，其典型应用就是Roblox、Architecture of Scent（AOS）等。元宇宙时代的到来则会使互联网的使用和连接方式发生翻天覆地的变化，其中最显著的就是个体的感觉器官将会被"接入"到互联网之中，使信息的传输突破视觉和听觉的局限。这可以从科学界最新的研究成果中得到印证，例如拉纳辛哈（Ranasinghe）基于热电刺激技术研发的可以误导热敏神经元产生味觉感官编码的电子棒棒糖和OVR研发的可以模拟250种气味的Architecture of Scent（AOS）系统。再加上触觉反馈等技术的逐渐成熟，一个愈来愈拟真的元宇宙互联网呼之欲出，人类不仅可以通过看和听的方式接受来自互联网的事物，也可以通过触摸、闻的方式感受来自互联网的"触碰"和"味道"，一个全感官贯通的"全真"互联网时代正在到来。

二、元宇宙能够突破人类生存方式的时空局限

研究者通过分析新浪微博问答中关于"社交账号在其所有者死后该如何处理""微信要在朋友去世后删除吗"等问题的回复，发现有近百分之八十的网友是不愿意删除自己留存在社交平台上的"数字遗产"的，因此，有的公司甚至据此开发出了类似"互联网棺材"的数字遗产产品。数字时代的显著特征就是几乎每时每刻都在产生和储存数据，而元宇宙使得虚拟世界中基于感官拟真体验的数据记忆显得尤为珍贵。类似的情景已经在影视作品中有所呈现，例如在第三季《黑镜》的第四集中就有这样一个场景：处于弥留之际的主人公将自己的意识保存到了由人工智能管理的服务器中，主人公的肉体虽然消亡了，但其意识保留和永生在了云端。由此观之，元宇宙的到来无疑将使虚拟世界从真实时空的伴生者转变为真实时空的拓展与延续。其实，类似的预测早已有之。早在2005年，一个名叫库兹韦尔的未来学家就提出了奇点理论，他认为未来的人类有可能实现用非生物的载体承载自身的智能、性格和技能等，实现意识层面的数字化永生，这位未来学家在其最新的访谈中进一步认为到2030年人类便能取得这方面的进展。实际上这种预言并非空穴来风，这种预言已经能从最新的脑科学研究中得到支撑，专注于大脑保存技术研究的脑科学家海沃思提出了人脑意识提取的"三步法"设想：第一步，探究化学处理、重金属液固定和树脂包裹完整人类大脑的方法；第二步，制造热刀厚切仪，实现大脑20微米级无损切割以适应双束聚焦离子显微镜（FIBSEM）的成像精度；第三步，随四位数FIBSEM量产能力形成，提高效率缩短成像总时间以实现对复杂大脑的完整解构与复制。此外，Shawn Mikula于近期在小白鼠大脑上完成了上述相关技术路线的初步验证（Hayworth，2015）。

三、元宇宙能够促进虚拟空间价值的有效发挥

一段时期以来，人们对游戏这一典型的虚拟空间技术应用形式持有比较明

显的矛盾立场。一方面，以竞技游戏为代表的数字游戏产业日益壮大，与之相对应的游戏亚文化愈发繁盛。另一方面，人们对各类游戏对青少年在学习成长过程中带来的负面影响的担忧也与日俱增，以至于有父母将游戏成瘾的子女送进网瘾治疗中心，通过比较极端的方式加以矫正。2021年8月30日，国家新闻出版署下发了《关于进一步严格管理切实防止未成年人沉迷网络游戏的通知》，要求游戏提供商必须严格限制向未成年人提供游戏服务的时长。虽然家庭教育的不足和资本逐利的本性是造成关于游戏问题矛盾认识的重要原因，但从根本上来说，造成这种现象的主要原因还是在于人类对虚拟空间的认识和利用还仅仅停留在游戏这种单一形式。从技术哲学的视角来看，与海德格尔将工具理性视为人类挥之不去的本性和宿命力量，用时间观照"此在"所不同的是，斯蒂格勒坚持技术双刃剑的观点，即所谓"技术是人类的毒药，亦是解药"，并提出"技术药理学"的论点。在他看来，与动物不同的是，人类的技能大多是在弥补人类缺陷的过程中获得的，即缺陷性是人的第一品性，由此便发展出对技术的依赖性，即所谓"代具性"这一第二品性。因此，技术源自人类也重新构造了人类。对时间的技术性而言，相较于人类，动物是没有对时间的意义感知的，它们只生存于纯粹的现在，动物的记忆可能只能存在于遗传基因之中。而人类的技术则使人类能够拥有跨越过去、现在和未来的超记忆能力，这便是虚拟时空技术的潜力所在。因此，若虚拟时空的作用仅仅在于它只是能够让人着迷，那它便是斯蒂格勒所言的"毒药"，一种使人类逐渐退化为动物，使社会生态不断失稳失衡的"毒药"。反之，若能将虚拟空间融入元宇宙这个宏大的背景之中，让其为人类提供跨越过去、现在和将来的时空穿梭能力，并且能够实现生产、生活、学习等的情境融通，那虚拟时空完全可以成为伴随实在人生的、能够促进个体价值实现的有效媒介，成为斯蒂格勒所言的"解药"。

四、元宇宙能够帮助人类深化对自身的认知

斯蒂格勒认为人类存在三类记忆，前两类记忆为海德格尔、胡塞尔、德里达、福柯等人提出的第一和第二持存说，第三类记忆就是由他本人所提出的第三持存（Tertiary Retentions）的观点。所谓第一持存是指心理持存，是一种基于感知的持存，以著名歌剧《悲惨世界》为例，存在于舞台上的画面和音乐唯美动听但又稍纵即逝，来自观者主动的音画构境将这些不断消失又不断在场的视听踪迹连续起来并使自身沉浸其中，这种由于感知到外部稍纵即逝的现场内容而引起的人体内部产生的在场感即所谓"第一持存"。待现场表演结束，久久回荡的视听画面持续性地引发观者的回味感，这种回味感显然已经不是当下正在发生的事物，却能重新激活已有的记忆，这便是所谓"第二持存"，是记忆回荡于心间的持存。而观者若在事后购入《悲惨世界》的光盘和CD以求继续回味、感怀剧情的深层韵味，这种回味就既不属于来自观者直接体验获得的原生记忆，也不属于回忆原生记忆而形成的第二记忆，而是通过播放光盘、CD的方式增补第一记忆和第二记忆而产生了第三类记忆，这便是所谓的"第三持存"。而元宇宙不同于光盘、CD等传统视听媒体技术，它并不是某种单一的持存，而是三种持存皆有，元宇宙凭借对多感官体验的全真模拟，既可以帮助人类获得沉浸感知和在场体验，也可以无缝对接到某个过去的时刻，还可以不断回放这些难忘的记忆，而这势必会促使人类重新思考自身记忆、知识、认知的获得与存续，进而深化对自身的认知。

第三章 方兴未艾：教育元宇宙的多维审视

第一节　元宇宙的教育应用价值

一、元宇宙有助于加强教育的技术支撑

　　教育技术是一个综合概念和综合过程，其构成要素包含了人员构成、思想指导、程序设计、设备支持和组织保障等诸多方面，教育技术的服务目标表现为紧紧围绕现实需要，综合运用多种领域、多种行业、多种学科的技术，为教育过程中的教育实施、教育管理、教育评估等事项提供服务方案。将元宇宙技术引入教育技术体系中的目标之一，就是以XR（扩展现实）等技术为依托，结合其他诸多辅助技术，共同为在线虚实教育场景的建构提供技术支持。教育元宇宙是一种建立在计算机信息技术基础之上的虚实融合教育场域，是一种可以实现具身性交互的沉浸式教育环境，能够为教育主客体在虚拟教育环境与现实教育环境之间的无缝切换提供完美方案，是未来教育技术建设和更新不可或缺的新基建。具体来看，元宇宙有助于从以下三个方面夯实教育的技术支撑：第一，软件设计和硬件配置的相互结合。软件方面，有包括元宇宙操作系统、VR软件系统、UI、生物数据采集系统等在内的系统软件与包括SDK、建模工具、开发引擎和渲染工具等在内的工具软件。硬件方面，主要包括感知交互器件、配套外设、终端设备等核心器件。第二，建立与教育相对应的元宇宙技术

系统。教育相配套的元宇宙技术基础主要包括VR、AR、MR、XR、网络技术和全息技术等，这些技术能够将无限的虚拟空间加入有限的物理空间之中，其核心目标在于增强教育主客体在教育活动中的体验感。第三，元宇宙技术有助于联通真实教育环境与虚拟教育环境。教育主客体可以在元宇宙教学环境中共享或真实或虚拟的教学空间，在元宇宙教学环境的支持下，教师可以利用教育元宇宙提供的教具和教学活动开展栩栩如生的在线教学，学生可利用教育元宇宙提供的自定义身份创建数字化身，在元宇宙教学环境中，师生还可以进行基于基础数字工具和教育游戏的双向互动。

二、元宇宙有助于丰富教育的内容生态

对教育元宇宙而言，平台和内容具有同样重要的地位，教育的内容生态体系会随着元宇宙所带来的教育基础设施的变化而发生改变。从构成要素来看，元宇宙是从硬件基础设施、软件基础设施、内容生态体系和终端设备配套四个主要层面为用户提供虚拟世界体验的。在元宇宙所营造的虚拟教育环境中，创作者参与教育内容创作的方式将变得简单而高效，虚拟教育内容的分发方式也将变得简单快捷，而多样的虚拟教育场景也将为内容创作者提供丰富的教育素材。一方面，较低的创作门槛和支持高效创作的工具使得创作者进行内容创作的成本大大降低；另一方面，平台的内容分发优势也可以帮助内容创作者推广创作内容，帮助创作者获得大量用户，吸引用户参与内容消费，也可以通过金融支持方式激发更多原创内容的生产。在生产模式上，元宇宙教育内容的主要生产方式是UGC模式，也即用户自主生产模式，这种模式有别于PGC模式和PUGC模式，大量的内容创作者共同创造出丰富的元宇宙虚拟场景，其背后则是一系列相配套的运行规则和保障机制确保有序运行。例如，与现实中的学校一样，元宇宙学校也有一套规范化的授课标准、学习内容和学习形式。另外，元宇宙中的物品交易与资产确权可以通过NFT技术（区块链）得以实现，这就

为内容创作中的数字确权问题扫清了障碍。具体而言，创作者可以随时将UGC内容存储为NFT，再通过区块链提供的智能合约实现UGC内容跨用户的交易和流动。需要重视的是，由于数字侵权的方式更隐蔽，成本也更低，因此亟须在构建教育元宇宙的同时研究和建立对内容创作的保护机制。

三、元宇宙有助于缩小教育的资源鸿沟

元宇宙应用于教育场域的重要议题之一就是弥合教育的资源鸿沟。近几年来，在线教育成为最为重要的教育形式，这使得一部分掌握了在线教育技术的人成为教育资源的"拥有者"，而未能很好掌握在线教育技术的人则成为教育资源的匮乏者，且二者之间的差距会随着技术的发展被进一步拉大，从而形成资源鸿沟。需要引起重视的是，在线教育在为教育主客体带来便利的同时，也在拉大个体之间、城乡之间、发达地区与欠发达地区之间的资源鸿沟。从理论上讲，通过创新和创造包容性更高的教育教学解决方案，这种资源鸿沟是可以通过技术手段得到一定程度弥合的，进而创造出一种相对公平的教育环境。正是在这样的背景下，各地的学校都在尝试通过创新教学方法和工具来促进教育的公平发展，教育元宇宙的应用便是这种创新性的尝试。在教育元宇宙世界中，用户"进出"其中的时间、地点等都将变得更为自由、自主，并且连续性也得到很大的增强。此外，"数字原住民"与"数字移民"之间的冲突也将通过教育元宇宙本身的去中心化机制得到化解。在教育元宇宙世界中，教育主客体既可以通过虚拟在线的方式参加讲座和会议，也可以足不出户到世界各地的学校进行访学、交流等教育活动。教育元宇宙对留学活动的促进作用也是显著的，教育元宇宙将成为教育国际化的重要推动力，有留学意象的学生可以在足不出户的情况下获得国外留学的体验，这能够极大降低留学成本，并显著提升学习效率。而教育元宇宙强大的角色设定功能也能够帮助学生摆脱肤色、种族等的歧视，从而促进学生间的文化交流。此外，教育元宇宙还可以帮助教师和

学生转变为教育内容的生产者和开发者，使师生合作教学成为可能。同时，教师和学生也能够在教育元宇宙世界中选择自主创业，并带动学生就业。教育元宇宙世界作为一种超越现实、具身沉浸、多感交互的虚实融合场域，教学的空间、知识传播的图景等都在其中得到极大拓展，更为重要的是，它让教育资源以一种更为公平的方式共享出来，使教育资源的互惠互利属性得到更好彰显。

第二节　教育元宇宙的核心架构

一、物理层

所谓教育元宇宙的物理层，是指构建教育元宇宙所必需的硬件设备和基础设施环境，该层以沉浸式体验设备为主体，协同其他辅助设备为元宇宙搭建起基本的物理环境。主要包括5G/6G网络配置、沉浸式体验设备和其他设备（如播放和演示设备、数据收集设施），这些设备设施能够搭建起开放式的元宇宙基础环境，吸纳现有常用的教育设施融入元宇宙教育生态体系之中，从而为教育元宇宙的建构提供开放的环境和空间。（1）5G/6G网络配置。营造教育元宇宙首先需要建设5G/6G网络基站、千兆级宽带，部署支持和匹配教育元宇宙的云网服务平台，配置路由、桥接、旁路等多样连接方式，与4G及以前的网络技术相比，5G/6G更有助于实现图像、语音等信息传输的即时化、灵活化、自然化，也更有助于跨区域的无缝连接互动和大数据的实时共享，多样部署教育元宇宙所需要的各种设备使得元宇宙对复杂网络交互传输平顺性的需求得以满足。（2）沉浸式体验设备。教育元宇宙的沉浸式体验设备主要由虚拟现实设备和支持虚拟现实设备运行的运算设备组成，这些设备包括VR眼镜、手柄、新式投影仪等，这些沉浸式设备还能实时监测和反馈用户体验和设备运行等方面的数据。（3）其他设备设施。除了通过沉浸的方式访问、参观和使用元宇宙，还可以通过其他多种方式进入元宇宙，像智能手机、平板电脑等小型终端设备以及电脑网页都能与元宇宙服务器建立连接从而成为元宇宙内容的访问入口。为准确掌握用户的体验感受从而改进相关技术，教育元宇宙还配备了生物信息数据采集和分析设备，包括用户在使用过程中的心电、脑电、皮肤电等的生物数据采集设备，还有用于分析用户沉浸感、专注度、心流体验等的专业设备。值得注意的是，这些设备并不是专业的医疗设备或其变种，而是为了能够符合人体工学而专门开发的手环、创客脑波套件、创客皮肤电套件等易于穿戴的设备。

二、软件层

所谓教育元宇宙的软件层，是指建构在教育元宇宙物理环境之上的软件环境，囊括了虚拟现实软件、系统平台软件和分析评测软件等，这些软件分别对应于教育元宇宙物理层中的虚拟现实设备、基础设施平台和数据采集分析设备等。其中，系统平台软件包括了教育元宇宙的形态构建平台软件和教育元宇宙的展示平台软件，教育元宇宙的形态构建平台软件多用于建设具体的教育元宇宙应用环境，教育元宇宙的展示平台软件则多用于实现诸种设备的应用功能。（1）VR软件系统。在5G/6G网络设施的支持下，每台元宇宙设备上都需要安装相应的串流软件才能实现VR图像、声音等的解析与传输。这是因为瞬时出现的大规模访问量极易导致网络的卡顿，而串流的方式又对网络速度存在极大的依赖性，这就是串流软件所要解决的问题。例如，游戏领域常用的STEAM软件就是一种典型的串流软件，它是维尔福（Valve）公司开发的一款综合性的游戏平台，通过在电脑端安装STEAM软件，可以实现VR与计算机的串流，完成VR画面的同步传输。（2）Roblox Studios程序。这是初创元宇宙公司Roblox进行元宇宙建构的一款应用软件，这款软件具有较为出色的空间建构功能，可以完成多种类型的空间建构任务，同时它也兼具VR设备的同步传输功能。在教学专用的计算机终端安装Roblox Studios软件，就可以建构教育元宇宙所需的元宇宙空间。需要特别指出的是，虽然利用Unity 3D、Unreal等软件和VR软件系统自带的功能也能够实现对沉浸感氛围的创造和个性化元宇宙环境的建构，但相较而言，Roblox Studios具有的元宇宙属性和功能更为完备，像个性化的身份建构功能、逼真的仿生环境建构功能、多平台的访问和交互功能、数字认证功能等都是其他非专业元宇宙平台不具备抑或不能同时具备的，而且它也更适合开展探索性的研究。（3）生物数据采集系统。利用智能设备搜集到的用户生物数据和体验数据可以直接应用于教育元宇宙的开发和建设，并可对统计分析的结果进行可视化的呈现。相较于与其他类别的数据，基于脑电（Electroencephalogram，EEG）采集设备、心电（Electrocardiogram，ECG）采集设备和皮肤电（Galvanic Skin Response，GSR）采集设备收集到的生物数据要更加客观和真实。

三、分析层

所谓教育元宇宙的分析层，指的是教育元宇宙具有的分析、研判搜集到的各类数据的功能，旨在以数据反映的问题为突破口调整、完善教育元宇宙的各项参数，促进教育元宇宙效用的最大发挥。分析层需要以搜集到的VR特征数据、心理生理数据和学生感知数据等为分析对象，针对性地运用无序熵值算法分析法、心理生理数据分析、AE值分析法和标签分析法等分析方法，对用户心理、生理数据的时域特征和时频特征等项目展开分析，从而破解教育元宇宙的环境表征和用户的生理心理表征，研判教育元宇宙发挥的教学效果。开展数据分析的过程中需要统整好不同场景和模态产生的数据，形成能够分析和研判多元异构数据的能力，实现对教育元宇宙全过程中教育主客体的全面画像。

（1）无序熵值算法。教育元宇宙相配套的各类交互设备和传感器等组件能够实时获悉各类模态的数据，对这些数据开展深入挖掘就能够帮助开发者及时掌握教育元宇宙的场域效用，而如何对不同维度的数据做出相对统一的评价，就成为其重难点所在。熵（Entropy）是一种用于度量系统混乱无序程度的量，对熵的测定有助于界定和掌握系统或有序或无序的状态，这种对熵进行计算的方法就被称为熵值法（Entropy Method）。熵值法本质上是一种"客观赋权"的方法，即它需要通过教育元宇宙各个系统、设备等提供的客观数据进行熵值计算，方能辅助开发者获知系统特征、挖掘更多规律。（2）原子经济算法。这是一种对相对难以搜集或难以做出客观评价的数据进行分析的方法，这种算法可以一定程度上弥补熵值法无法确立统一评价方法的问题。"原子经济"最初是一个化学术语，描述的是一种提高反应物转化为最终产物的效率、降低浪费的尝试，教育场域中的原子经济常被用来描述教育投入与产出的比值。原子经济算法可以通过对某些事件和对象进行熵值数值的换算，获得原子经济AE值，再综合Cosine算法可以对AE值进行进一步预测。（3）心理生理数据分析与标签分析。以脑电（EEG）数据分析为例，主要收集δ波、α波、θ波、γ波、β波等5个波段的特征值，计算其时域统计特征量，即均值、最小值、最大值、中值、标准差、方差。当得到丰富的脑电波数据及其时域统计特征量后，可以通过综合研判各种特征量，得到特征、认知、行为、成果等多类别的分析标签。

第三节　教育元宇宙的关键技术

一、交互技术

教育元宇宙中的交互技术是为教育主客体带来沉浸性教学体验、具身性社交体验和探索性学习支持的重要技术，涉及混合现实技术、脑机接口技术、全息投影技术和体感技术等多种技术。其中，混合现实是增强现实、虚拟现实和扩展现实的集合体，能够为身处教育元宇宙场域中的主客体带来身临其境和深度沉浸的交互体验。全息投影是提供直接性感知虚拟和现实环境功能的系统，它能够为教育主客体带来逼真的画面和体验。脑机接口技术代表了元宇宙世界与生命个体无限融合的最高境界，它能够支持教育主客体利用意识操控元宇宙中的虚拟化身或数字身体，甚至可以实现人的意识的网络化存储和数字化再生。体感技术是教育主客体参与虚拟环境互动过程的支持性技术，它能够帮助教育主客体通过穿戴设备实现沉浸教学和具身互动。

二、物联网技术

物联网技术是教育元宇宙中能够通过传感设备搜集各种物体或过程的信息，完成人与人之间、物与物之间和人与物之间智能感知、泛在联通的技术，它是教育元宇宙保持与现实世界相互交融、平行共在的基础，感知层、应用层和网络层共同构成了支持教育元宇宙的物联网技术。其中，温度、湿度、气体、声音等的传感组件共同构成了物联网的感知层，成为现实世界万物与教育元宇宙世界虚实孪生、相互映射和相互感知的信息来源。物联网的网络层主要指为泛在且高速的数据通信提供支持的高速通信技术，是教育元宇宙的主客体感知、操控、映射万物的重要数据传输服务技术。教育元宇宙的应用层由虚实交互操作系统和远程协作实验系统等组成，旨在对教育元宇宙中的事物进行链接和管理，它是教育元宇宙世界中主客体与万物共生、虚实融合的重要基础。

物联网技术实际上是"互联网+"的最新实践应用。"互联网+"作为信息化领域的专业术语，向来都是实践创新与理论研究的热点议题。在国家层面，我国一直都充分重视互联网带来的创新发展机遇，将"互联网+"作为重要的国家战略。国务院发布的《关于积极推动"互联网+"行动的指导意见》就曾指出，"'互联网+'是把互联网的创新成果与经济社会各领域深度融合，推动技术进步、效率提升和组织变革"；[①]《教育部2022年工作要点》也曾指出，"积极发展'互联网+教育'，加快推进教育数字转型和智能升级"。[②]互联网重构了人类传统的信息空间，将人类原来二维空间（即物理空间和社会空间）中的生产生活扩展到三维空间（即在二维空间的基础上加入了信息空间）之中，促进社会生产关系发生深刻变革，而作为社会生产关系的重要组成部分的教育事业，其组织体系和服务模式等都将由于空间转换而发生颠覆性变革。"互联网+教育"恰是对这种变革的回应，它秉持互联网思维，将互联网

---

① 国务院：《关于积极推进"互联网+"行动的指导意见》，2022年4月26日，http://www. gov. cn/zhengce/content/2015-07/04/content_10002. html.

② 中华人民共和国教育部：《教育部2022年工作要点》，2022年2月8日，http://www. moe. gov. cn/jyb_xwfb/gzdt_gzdt/202202/t20220208_597666. html.

作为自身发展的动能，推进教育教学理念的变革、教育教学人才培养模式的创新、教育教学服务供给模式的优化、教育教学新业态的培育、教育教学新生态的构建和教育教学治理水平的提升，推动二维空间的教育教学支持体系转变为三维空间的教育教学生态体系。从实践的角度审视，蓬勃发展的互联网教育行业正涌现出一系列教育新科技，为教育事业的提质升级带来了全新的发展动能，这种动能正在迅速改变教育行业传统的组织和服务模式，并催生出教育新业态，而"教育元宇宙"就是互联网教育带来的变革性应用。"教育元宇宙"几乎涵盖了当前教育互联网探讨的所有内容，而教育元宇宙本质上也就是元宇宙空间中的"互联网教育"，当前所讨论的人才培养模式、智能教学评价、智能教育环境、多元学习活动、多样化教学资源等方面的内容也正是教育元宇宙要解决的问题。因此，教育元宇宙仍是立足于互联网空间的创新教育形式，它仍然契合于"互联网教育"的逻辑发展框架。可以认为，教育元宇宙对于推动"互联网教育"走向更广阔的发展空间具有非常重要的意义，对于促进互联网教育的创新发展、丰富互联网教育的组织服务体系、赋予互联网教育生态以强大的生命力影响深远。因此，面对教育元宇宙衍生出的"互联网教育"新发展方向，需要深入研究其本质要求，构建和丰富其话语体系，立足物理空间、社会空间和信息空间构建教育元宇宙完整体系。

三、区块链技术

区块链是指一种利用密码学按时间序列将数据区块依次相连而组成的链式数据结构形式，[①]其防篡改性、分布式记账和可编程性等特征能够实现数据信

---

① 中国工业信息化部：《中国区块链技术和应用发展白皮书》，2021年11月28日，http://www.199it.com/archives/526865.html.

息的全程留痕、公开透明、不可伪造。[①]区块链的以上优势使其能够为教育元宇宙的学习过程、学习行为、生态系统、学习评价等方面信任制度体系的建立打下技术基础，教育元宇宙的区块链技术体系涵盖分布式存储技术、数据传播与验证机制、分布账本、时间戳技术和智能合约技术等子技术构成。有了区块链技术的加持，教育元宇宙底层数据的安全性和可追溯性就有了坚实的保障，教育元宇宙中的学分制度、教育考评、数字奖状等事项就具有了透明且平等的保障机制，另外，教育元宇宙中虚拟身份、数字资产等也都拥有了保障交换的信用体系，这些都得益于区块链特有的时间顺序、块式排列结构及其安全性、分散性、共享性、可靠性等核心特质。教育元宇宙本质上是要打造一种既与现实世界相连接又平行独立于现实世界的数字化互联网教育新生态，而确保这种教育新生态正常运转的基本前提，就是要构建一种安全透明、可持续的教育元宇宙知识分享和认证保障机制，区块链便是这种教育元宇宙知识分享和认证保障机制不可或缺的技术基础。另外，教育元宇宙中主客体对底层数据的保密性和可追溯性的要求及其安全保障也需要区块链技术的支持，而教育元宇宙虚拟物的流通变现和价值认证，也将促进教育元宇宙中知识和资源等的存储、交易、连接、共享、管理等生态系统的完善，进而实现教育元宇宙场域中资源的最优配置。更进一步而言，还能够为学分认证、学分银行等元宇宙教育生态系统的完善提供保障机制，为教育元宇宙中知识、资源等的成果转换提供助力。

四、大数据技术

1980年，美国未来学家阿尔文·托勒夫在其所著《第三次浪潮》一书中将"大数据"形容为"第三次浪潮的华彩乐章"。1997年，美国航天局的研究人

---

①　刘光星：《"区块链+教育"：耦合机理、风险挑战及法律规制》，《电化教育研究》，2021年，第3期，第27—33页。

员使用了"大数据"一词来描述超级计算机在实验中生成的庞大数据量。1998年，著名学术期刊《科学》刊发的题为《大数据的处理程序》的论文中使用了"大数据"一词。2008年，著名学术期刊《自然》设立了"大数据"专刊。2011年，著名资讯公司麦肯锡发布了一项题为《大数据：下一个创新、竞争和生产力的前沿》的研究报告，该报告认为各行业各业务领域已经呈现出明显的数据化趋势，即数据已成为影响行业发展的重要资源。如何挖掘和运用海量的数据资源，成为影响下一波生产增长和消费浪潮的重要变量，可以看出，该报告已经将"大数据"视为引领生产力发展的新航标。之后，大数据在国际范围内获得快速发展并引起广泛关注。以互联网领域的统计数据为例，互联网上的数据每年都会在原来的基础上增长约50%，而且其中的绝大部分数据都是最近几年才累积起来的。2012年联合国就曾专门针对大数据发布了一份白皮书，白皮书指出：大数据将会对社会各领域产生深远影响。2013年，由牛津大学教授维克托·迈尔·舍恩伯格与著名大数据发展评论员肯尼斯·库克耶合著的《大数据时代：生活、工作与思维的大变革》一书，被认为是关于大数据学术研究的开山之作，真正把大数据推向了学术研究的视野。在本书作者看来，"2013年是大数据时代的元年，标志着信息技术迈入了新的发展时代""大数据开启了一个新纪元，就如显微镜能让我们看清微生物，望远镜能让我们感受到宇宙一样，大数据影响的不仅是我们生活的方方面面，还改变了我们理解世界的方式"。当前，大数据正在成为一股席卷世界的浪潮，为抢占新一轮科技革命的制高点，世界各国都在竞相布局大数据产业，大数据已在商业、通信、物流、健康、交通、能源等领域获得广泛应用，一个属于大数据的时代已然到来。

大数据虽然是当下的一个时髦术语，但对大数据的定义，目前仍是仁者见仁智者见智。不同行业、不同研究机构以及不同领域的学者，都从各自的视角出发对大数据给出了自己的定义。有学者认为，大数据概念实际上就是对数据的引申和拓展，是数量更为巨大、体量更为庞大的数据，大数据区别于传统数据的最主要特征就是它的规模。例如刘建明就认为，可以将大数据理解为一种数据大爆炸，它带来了巨量且浩瀚的数据资源，大数据具有超乎想象的庞大体量。有的定义则是从数据的捕捉、管理和分析的角度理解大数据概念的，例如著名咨询公司麦肯锡就是这样定义大数据的：大数据是一种数据集，且大数据这种数据集已经庞大到无法被传统数据库软件所采集、存储、管理和分析。与麦肯锡的描述相类似，EMC公司则是这样界定大数据的：大数据实际上是一种永不休止的数据积累状态，大数据可以被用来描述那些由于非结构化程度过高而无法直接对其进行分析的数据集。无独有偶，Jason Bloomberg认为，大数据是由海量的结构化数据和非结构化数据综合而来的，对那些传统数据库和数据分析软件来说，大数据是相对难以被处理的。类似的还有维基百科的定义：大数据就是无法在特定的时间之内用通常的软件工具进行捕获、管理的数据集合。以上只是大数据发展早期的定义，虽观点各异，各有侧重，但对我们理解大数据仍有借鉴价值。综合来看，大数据不仅是一种数据类型，也是一种数据能量，即大数据可以给予人类从海量的数据资源中探索事物变化发展规律的能量；大数据不仅是一种数据类型，还是一种数据思维，即让数据开口说话，让数据成为人类思考问题、做出决策的基本出发点。然而，大数据的内涵并不止于此，随着大数据获得更进一步的发展和更为广泛的应用，其内涵和外延也将更进一步得到丰富和扩展。

人们在讨论大数据的时候，更多是从大数据的基本特征出发去认识大数据。归纳起来，大数据的特征主要包括以下几个方面：一是大数据的复杂性。大数据的复杂性是指当前大数据的形式和内容由零散单一转变为庞大集成，数据的计算越来越复杂化，数据的交换越来越系统化，数据的使用越来越综合化，数据与网络的联结越来越精细化，这个大数据就像一个复杂的巨系统。二是大数据的流通性。大数据的流通性是指大数据处于不断被输入又不断被输出的有序流通状态之中，并且大数据的这种流通性在智能化采集、智能化存储、智能化处理和分析、智能化传输和反馈的过程中得到了持续不断增强，流通的顺畅性也在这一过程中得到不断提升。三是大数据的共享性。大数据的共享性是指相较于传统数据资源相对封闭的状态，大数据在互联网、云计算、5G、区块链等技术的加持之下更容易实现跨平台、跨行业、跨领域的数据消费和共享，并且随着数据资源的日积月累，这种共享性会愈来愈强化。四是大数据的整体性。大数据的整体性是指大数据这一巨系统是由一系列子系统构成的，对大数据的分析、处理和运用，需要将这些子系统联结起来组成一个整体，当巨量的数据被串联起来时，事物的整体性局面才能被清晰呈现，进而才能充分发挥大数据的整体效能。五是大数据的高速性。大数据的高速性是指在新的数据处理技术的加持之下数据处理的速度和效率大大加快，数据处理甚至可以做到批量处理、实时处理、多进程处理，并且在数据处理的同时还可以进行快速的数据分析，大数据的这一特性相比较传统数据有本质的不同。六是大数据的精准性。大数据的精准性是指从大数据的数据源来看，理论上，大数据在大多数情况下针对的是某一事物或现象的全部数据而非部分数据，与抽样数据相比，大数据极大地提高了数据判断和预测的准确性，达到了抽样数据无法达到的高度。

在人类历史的漫漫长河中，以技术的进步和变革为标志，人类历史可划分为不同的时代。而人类历史的大数据时代，就是指以大数据为核心技术和变革标志的历史发展新时期。大数据时代是历史发展和技术进步带来的必然结果，作为一个新的历史发展阶段，大数据时代的到来具有如下历史背景：第一，发达的信息技术为大数据时代的到来奠定了坚实的物质基础。一种发达的信息技术离不开发达的信息处理技术、发达的信息存储技术和发达的信息传播技术的支持，大数据技术亦是如此。在信息处理技术层面，计算机的问世及其性能的不断提升使得数据处理速率和处理能力不断提升，帮助信息产业获得巨大进步。在信息存储技术层面，互联网的出现和日益发达使每个终端都成为数据的生产器和存储器，人们在互联网上的行为都会被记录，从而形成庞大的数据库。在信息传播技术层面，社交网络的兴起和日益普及实现了数据的聚类传播，也产生了更加庞大复杂的数据资源。第二，网络用户爆炸式增长为大数据时代的到来提供了充分的客观条件。随着移动互联网及其智能终端的发展，越来越多的网络用户通过手机等智能终端获取包括文字、声音、图片、视频在内的多种形式的互联网信息，也成为这些信息的重要生产者，互联网信息的新传播方式满足了人们信息消费需求的同时也产生了海量的数据资源，从而为大数据时代的到来提供了充分的数据支撑。第三，社会发展的数据化为大数据时代的到来提供了旺盛的市场需求。移动互联网的普及、物联网的发展、区块链技术的进步催生出了社会发展的数字化需求，旺盛的数字化需求为数据规模的迅速扩大奠定了实践需要，从而又推动了大数据领域的发展，而大数据日新月异的发展又反过来推动社会朝着更加智能化、数据化的方向发展。

目前，学界普遍认为大数据时代具有如下一些鲜明特征：一是泛互联网化。大数据时代人们对数据存储和传输设备的依赖程度显著提升，这是因为互联网已成为人们生活的一部分，而人们的互联网生活又离不开一系列设备的支持，随着互联设备的不断增多，人们的生活也越来越趋向于泛互联网化。二是数据化。在大数据时代，将生产生活数据化已成为大势所趋，大数据技术使一切客观事物具有了数据化的可能，人与人之间、人与物之间、物与物之间的关系愈发可以被数据所呈现。三是多元化。海量的大数据使得从不同角度、不同层面呈现事物成为现实，在大数据技术的加持之下，社会事物呈现出多方面的关联性，进入一种百花齐放的多元样态。四是可量化。在大数据时代，一切事物皆可呈现为数据，而一切数据又皆可成为数据分析中的变量，包括学术、商业、行政活动在内的各领域开始量化进程，人类加速进入"量化时代"。五是个性化。大数据时代先进的数据处理技术使得数据使用者从海量的互联网数据中择取符合个性需求的数据成为现实，这得益于大数据时代超高的数据开放程度和数据共享程度。六是互动性。大数据时代，人与人、人与机器、机器与机器之间开始实现深度互动，互联网技术实现了超越距离限制的互动、数据存储技术实现了超越时间限制的互动，而物联网则实现了物与物之间的互动。七是开放性。大数据时代是一个开放时代，这是因为互联网是一个具有超高开放性的数据大熔炉，只有保持超高的开放性，海量的数据才能自由流动，才能自由输入和输出。八是预测性。大数据时代，依托先进的数据挖掘技术和数据分析技术，使得许多事物的发生、发展趋势可以被精准预测，这种预测性在商业领域的大数据应用实践中尤为显见。

在大数据时代，各种数据正在以前所未有的方式被挖掘和利用，数据所表现出的价值和带来的社会变革，正在塑造这个社会新的发展趋势。大数据时代的社会发展趋势主要表现在以下几个方面：一是数据爆炸性增长。大数据时代几乎每一个网络终端都在生产数据，个人手机、平板电脑、传感器、导航设备、监控设备、摄像机等，几乎无时无刻不在生产视图片、声音、文字等数据，且这些数据在其来源、形态、结构等方面都呈现出比较强的复杂性。二是数据潜在价值凸显。大数据时代数据的价值正在从一些基本用途转变为数据的未来价值或潜在价值，数据的潜在价值包括数据的再利用价值、数据的重组价值、数据的扩展价值、数据的开放价值等。三是一切皆可量化。人类自古就具有利用数据记录、分析、预测事物的渴望，进入大数据时代，这种渴望已经很少会受到数据捕捉的限制，大数据时代文字是数据、方位是数据、人与人之间的关系也是数据，一切变得皆可被量化、数据化。四是数字化生存。大数据时代，数字化的政治、经济、文化、社会、生态、学习、交往、生活成为常态，数字化成为人类新的社会样态，现实世界通过数字技术可被虚拟化、虚拟世界通过数字技术又可被现实化，甚至人的吃穿住行用也成为一项数据命题。五是思维方式变革。与大数据时代的到来相伴而生的，是人们的思维方式亦发生重大转变，大数据时代，人们更加习惯于用联系的观点看待问题、解决问题，从本质上来看，大数据思维其实就是一种复杂性、关联性思维模式。六是依赖数据进行决策。在大数据产生以前，人们的决策多依赖于一些专业领域精英或专家的建议，这种决策往往多是凭直觉或经验做出的，而基于大数据的分析与决策，往往呈现出鲜明的去中心化特征，更多地体现为一种基于群体指挥的决策。

除此以外，我们还可以从更多的角度认识大数据，例如资源应用的角度和社会应用的角度就是两个非常独特的角度。从资源应用的角度来看，大数据可以被视为未来社会的一项基础设施（或者说大数据已经是当前社会的一项重要信息基础设施了），如果说铁路、公路、桥梁、水、电等是工业时代的基础设施，那么大数据就是新一代的基础设施。从社会应用的角度看，大数据可以对当前的社会运行模式产生变革性影响，例如，如果以大数据为基础建立居民身份证制度、不动产登记制度，那么大数据将对相关的社会运行方式带来颠覆性影响。因此，归根结底来看，大数据本身就是一种思维方式，一种足以改变人们现有社会认知、生活方式和社会运行的思维方式。致力于大数据研究的学者舍恩伯格曾指出，大数据时代人们的思维方式或者至少是人们对待数据的思维方式将发生以下三个方面的明显变化：第一，人们所面对的数据将从样本数据变为整体数据；第二，由于数据的庞杂性，人们不得不放弃对数据的精准性的追求；第三，在大数据的赋能之下，人们将会更多地关注数据之间或数据与事物之间的相关性。大数据之所以能够引发人们思维方式的变革，原因当然是多方面的，但归根结底，以下两个方面的原因可以说是最为主要的：一方面，信息技术的整体发展为大数据思维取代传统数据思维奠定了坚实的物质技术基础，例如，高度联系的社会网络为大数据提供了数据来源，云计算和数据中心为大数据提供了存储空间，移动网络实现了大数据的高速传输，人工智能则带来了高效的数据处理。另一方面，人类思维本身的进化链路是大数据思维实现其价值的关键，一种新思维的产生和成熟化通常遵循探索发现、规律涌现和系统成型三个阶段，从实践到认识是上升性思维的过程，从认识到发展是求解性思维的过程，从发展到系统是决判性思维的过程。

对大数据的发展应用来说，不仅会受到数据资源扩展的影响，也会受到相关技术应用的影响，还会受到大数据思维的影响。尤其是大数据思维，已成为影响大数据发展的关键因素，只有树立大数据思维，才能更好地运用大数据资源和大数据技术。作为一种思维范式，大数据思维主要包括以下几个方面的内容：一是大数据整体思维。在大数据产生以前，采样一直是人们获取数据的主要手段，在人类难以通过技术手段获取整体数据的条件下，采样数据可以说是一种无奈的选择。如今，收据搜集的技术已经发生巨大改变，大数据的出现让人们能够获取更多数据甚至整体数据，人们不再对通过抽样调查而来的数据感到满足，相应地，人们的思维也从之前的样本思维转变为大数据时代的整体思维。二是大数据容错思维。在样本数据占主导地位的时代，为了能够让搜集到的数据尽可能准确反映对象的基本状况，对样本数据的精准性有着非常高的要求，这些数据往往呈现出非常强的结构性特征。随着大数据时代的到来，不论是结构化的数据还是非结构化的数据都成为数据库的一部分，而非结构化的数据不可避免地会存在一定的错误，这就要求人们必须转变以往的精准思维，树立对海量信息的容错思维，唯有如此才能真正适应大数据的数据环境。三是大数据相关性思维。在样本数据时代，受到精准思维的影响，人们往往执着于利用样本数据找到事物之间的因果联系，进而通过因果联系试图揭示事物的本质。而在大数据时代，人们可以通过大数据发现事物之间除因果联系之外的更多联系，事物之间的联系由样本数据反映的线性关系转变为由大数据反映的放射式关系，相应地，人们的思维也由样本数据时代的因果思维转变为大数据时代的相关性思维。四是大数据智能思维。随着科学技术的发展，与大数据相伴而生的还有物联网技术、云计算技术、区块链技术和人工智能技术，尤其是人工智能技术与大数据的结合更为紧密，基于大数据和人工智能的机器可以类似人脑一样分析数据、做出判断、提供建议，相应地，大数据时代的思维方式也开始从自然思维转向智能思维。

综合来看，大数据思维具有以下几个显著特征：第一，大数据思维具有整体性。随着大数据发展和应用节奏的加快，大数据思维已然成为众多领域的主流思维范式，从大数据思维的应用实践来看，整体性是大数据思维的主要特性。大数据思维的整体性通过人类对数据的整合性分析得以体现，在大数据时代，整体性分析能够更加高效便捷地完成数据的统计分析，整体性思维成为人们分析、解决问题的最主要思维范式。第二，大数据思维具有互联性。大数据作为一种新的资源配置方式，其基本目标在于打通不同行业、不同领域、不同事物之间的联通壁垒，使其在大数据的加持之下实现信息共享，进而提升资源配置的效率。对大数据思维而言，首要的就是树立互联意识，运用新技术手段对各领域信息进行全面的采集和整合，打通信息茧房的隔阂，创造覆盖面更广的数据链路。第三，大数据思维具有价值性。随着大数据实践应用的不断深入，大数据以及大数据思维本身的价值也日益凸显，这种价值突出地体现在大数据思维的运用不仅使数据分析变得更为高效，也使人们对事物的预测变得更为精准。例如2008年谷歌通过对数十亿网络搜索请求的整合精准预测出了流感暴发的地点和人数，也就是说，大数据思维对社会发展已经体现出其必要的价值性。第四，大数据思维具有科学性。大数据思维的科学性充分体现在运用大数据对事物进行分析判断的出发点和落脚点就是要通过数据化的方式揭示事物本身的运动发展规律，而事物的运动发展规律是不以人的意志为转移的，因此，大数据思维也必须是尊重事物发展规律的，必须是建立在事物的科学联系基础之上的。

随着大数据时代的发展和大数据技术的进步，数据生产的速度变得越来越快。从理论上来讲，任何变化发展着的事物都可以不断产生数据，教育领域当然也是如此。在教育领域不断生成着的数据，就是通俗而言、简单理解的教育大数据，教育大数据及其重要价值正在引起人们愈发强烈的关注。教育大数据作为教育范畴的延伸，其含义有着广义和狭义之分。从广义上来看，教育大数据是一种数据集合，这种数据集合覆盖了教育的全过程、全时空、全类型和全样本，这种数据集合具有较强的周期性和巨大的教育价值，它来源于对日常教育活动的数据记录，这些日常教育活动既包括学校范围之内的教学活动、管理活动、科研活动，也包括社会范围内的家庭教育、学习活动等；既包括线上教育活动，也包括线下教育活动。从狭义上来看，教育大数据是指在学校教育活动中产生的大数据。教育大数据也可以理解为诞生在教育信息技术环境中的数据集，在信息技术加持下的教学各环节中必然会产生一系列结构化的数据集，它是记录信息技术环境中教学活动轨迹的产物。与此相类似，教育大数据还可以理解为记录学习者学习活动的数据集，如学习管理系统上的数据、在线学习平台上的数据、课程管理平台上的数据等。我们还可以从技术角度来理解教育大数据，即将教育大数据视为大数据技术在教育领域应用和延伸的产物。教育大数据之所以能够取得快速发展，也是得益于信息技术领域前沿科技的支撑，这些技术包括但不限于计算机技术、互联网技术、人工智能技术、云计算技术等，这些技术解决了教育大数据的获取、传输、存储、处理等问题。在先进的信息技术的加持下，教育大数据变得可供搜索、查找、分析，也就相应地可以借此掌握事物的发展规律，尤其是教育自身的发展规律，进而开展有针对性的教育行为，或者进行相关的判断和预测。

教育大数据有自己一些相对独有的特征，总结归纳起来，这些特征主要包括以下几个方面：一是教育大数据的海量性。单从基础教育来看，根据《中国基础教育大数据蓝皮书（2015）》对正规学校教育数据的估算值，班级层面的大数据达96GB，校园层面的大数据达24.8TB，从区域层面来看，大数据为4.2PB，全国大数据则为12EB，说是数量巨大一点也不夸张。二是教育大数据的多类性。与大数据一样，教育大数据也是由一些基本元素构成的。例如，有教育者的教育行为数据、受教育者的学习行为数据、教学管理活动数据、科研活动数据、校园活动数据等。可以说，教育大数据的类型是多样的，并且还具有一定的复杂性。三是教育大数据的实时性。与教育数据传统采集方式周期长、阶段性强、实时性差的特征相比较，大数据时代教育大数据的采集具有高度的实时性特征，这些大数据一经产生就能被快速记录并实时传输到对应的数据采集终端，并且能够实现不间断的采集和传输。四是教育大数据流动速率慢的特性。从数据的流动速率这一视角来观察教育大数据，我们可以发现，由于受到教育活动本身周期性特征的影响，教育大数据也呈现出对应的周期性，这就使得教育大数据很多情况下并不像其他大数据一样拥有超高的流转速率。五是教育大数据价值含量大的特性。受制于数据本身不够全面和数据分析处理技术不够成熟，传统的教育数据往往呈现出碎片化的特征，很多数据无法直接被使用，限制了数据价值的发挥。教育大数据则很好地解决了这些问题，实现了对海量数据的筛洗、整合、挖掘和应用，从而极大地提升了数据本身的价值。

根据不同的教育主体及其对应的教育活动内容，可以将教育大数据划分为个体教育大数据、学校教育大数据和区域教育大数据。一是个体教育大数据。个体教育大数据主要是指教育活动中的个体的数据，如学生的数据、教师的数据等。个体教育大数据内容非常广泛，包括但不限于姓名、性别、专业、年龄、籍贯、发表论文、科研项目、食堂就餐数据、社团活动数据、校内购物数据、休闲娱乐数据、学术活动数据、学生实习数据、图书馆借阅数据、课件、多媒体素材、案例、互动交流、信息检索、信息加工、信息发布、作业数据、课程平时成绩、课程期末成绩等。还可以将这些个体教育数据进一步细分为基础信息，即符合国家法律法规的学生、教职工个人基本数据；教学数据，即在教育教学的过程中产生的数据；生活服务数据，即学生和教职工在校园生活中产生的数据；科研数据，即在科研活动中采集到的数据。二是学校教育大数据。学校教育大数据主要是指以学校作为数据计量单位，在学校的管理活动中记录下来的数据。如学校概况数据、学生管理数据、办公管理数据、科研管理数据、财务管理数据、课堂教学管理数据、教务管理数据、校园完全管理数据、设备使用与维护管理数据、教室实验室管理数据、学校能耗管理数据、校园生活管理数据、人事信息管理数据、教育经费管理数据、服务管理数据等。利用学校教育大数据可以充分暴露学校管理活动中存在的问题，分析出优化学校管理的可行路径，从而使学校管理从"经验化"迈向"科学化"，从"不可见"迈向"可视化"。三是区域教育大数据。区域教育大数据主要是指在某个区域的教学活动中产生的数据，对区域内的教育活动来说，区域教育大数据是优化区域内教育资源配置的重要依据，通过挖掘区域教育大数据，可以有效掌握区域内教育活动的真实状况和内在规律，精准预测区域内教育的发展趋势，进而开展科学的教育管理和教育决策。

当前，学界关于教育大数据应用的研究主要集中在应用模型、应用技术和应用实践三个方面。一是关于教育大数据应用模型的研究。模型建构或模型研究是科学研究中的常用手段，教育研究亦是如此，对教育大数据而言，相关的模型就有教育大数据分析模型、教育大数据结构模型、教育大数据服务模型以及其他各种模型。在学界关于教育大数据的模型研究中，武法等人提出了基于电子书包大数据的学生个性化分析模型与实现路径。晋欣泉等从大数据的常规处理流程出发，以综合视频监控技术、可穿戴的各种设备、网络爬虫技术、情感识别技术、文本挖掘技术等，构建了一种关于在线学习的情绪测量模型。余鹏提出了一种基于教育大数据的生态体系模型，用以实现精准化的数据治理、协同化的管理服务、智能化的教学科研和科学化的决策应用。二是关于教育大数据应用技术的研究。从教育大数据产生到投入应用的全过程来看，其间涉及众多的教育大数据应用技术。魏顺平提炼出学习分析环节中的关键技术及其应用模式，并通过举例子的方式阐述了这一应用技术在教育大数据环境中的实际价值。杨现民等构建了具有普遍适用性的教育大数据技术架构，包括教育大数据的数据采集架构、教育大数据的数据处理架构、教育大数据的数据分析架构和教育大数据的应用服务架构。丁继红等从多重维度关联分析的原理出发，采用高阶奇异值分解算法挖掘学习者和资源的关联关系，提出了一种能够使学习者精准寻找到所需资源的方法。王亚飞等以构建差异化的教学实践路径为研究标的，设计出了一种基于大数据的精准化教学技术框架，并尝试性地进行了一番实践检验。三是关于教育大数据应用实践的研究。挖掘教育大数据的根本目的在于将其推向实际应用，于长虹等从教育大数据的概念、来源、应用价值等出发，解读了教育大数据在数字校园建设应用中面临的挑战。胡水星在对教育数据挖掘和分析的基础上，对教育大数据及其一些关键技术的应用进行了实证研究。杨现民等认为教育大数据可以驱动教育政策的科学化，可以促进教育发展的均衡化，可以实现教育质量提升的常态化，可以助推教学效果的最优化，可以促进个体发展的个性化。

教育大数据虽然主要产生于教育领域，但教育大数据的价值不仅仅体现于教育领域。从宏观视域来看，教育大数据是国家大数据的重要组成部分，是国家治理现代化的重要驱动力。从中观视域来看，教育大数据教育资源的最新形态，是深化教育领域改革创新的"催化剂"。从微观视域来看，教育大数据是促进教育管理和教学方式创新的重要依据，对于提升教育的科学化水平具有不可估量的价值。具体而言，一是教育大数据有助于驱动教育决策创新。教育改革兹事体大，关乎千家万户、关乎国计民生，与此同时，教育改革又受到诸多复杂因素的影响，任何教育改革都必须慎之又慎。传统上教育改革前的数据采集、样本分析、效果预测等受制于样本数据的有限性，往往无法精确呈现事物之间的联系。而教育大数据的出现使得全面、系统、大规模的数据采集、处理、分析成为可能，也就使得基于教育大数据的教育改革预测成为一种常态，从而有力驱动了教育决策的创新。二是教育大数据有助于推动教育教学变革。教育大数据亦是推动教育教学迭变的关键引擎，正在引发教育教学的深刻变革。教育大数据产生于教育教学活动，同时也作用于教育教学活动，教育教学活动中产生的主客体数据，能够成为精准分析学生学习状况、教师授课状况以及学生与教师教学互动状况的得力工具。通过对教育教学的量化研究，可以有效实现学情分析的精准化、教学设计的精细化、教学辅导的精心化和教学服务的精益化，进而推动教育教学的整体性变革。三是大数据有助于促进学习方式转变。毋庸置疑，技术可以极大地推动学习方式的转变，这已被诸多的实践经验反复检验。教育大数据的运用可以引发学习思维方式和学习模式的变革，以个性化学习方式为例，借助教育大数据技术可以有效分析研判学生的个性化学习需求和学习特点，教育主体可以据此调整学习目标、完善学习路径、优化学习资源配置，实现个性化学习过程量化、效果量化、目标量化，最终实现自适应、智慧学习、高质量学习、快乐学习。

从教育大数据的应用来看，学习分析和数据挖掘是教育大数据的两个最为关键的应用领域。一是学习分析领域。学习分析是指利用数据收集工具和分析技术抓取、存储学习过程和学习结果中的数据，研究分析这些相关数据，进而对课程、教学和评价进行实时修正的行为。学习分析的目的在于优化学习与学习环境，为学习者提供科学的学习策略，促进有效学习。学习分析主要包括学习分析利益相关者（如学习者、指导者、研究者、教育机构等）、学习分析数据集（如交互数据、学习轨迹、个人数据、学术信息等）、学习分析目标（如预测、干预、推荐、个性化、反思与迭代、标杆学习等）、学习分析技术（如统计分析、可视化、社会网络、情绪、智力）等构成要素。学习分析也具有自己鲜明的特征：多样化的数据来源，即拥有学生、教师、学校、家长等众多的数据收集对象。完整的分析过程，即需要经历数据收集、整合、分析、应用和调整的完整过程。可视化的分析结果，即对分析结果进行可视化的呈现。多样化的分析技术，即需要借助不同的分析技术处理多种问题。二是数据挖掘领域。教育数据挖掘是指综合运用智能学习、统计分析和数据捕捉的工具和手段，对巨量教育大数据进行细分处理，建立相关模型，跟踪和解读学习者的学习效果与学习安排、教育资源与教学行为等多重变量之间的耦合关系，进而预测学习者可能的学习趋势的行为。对教育数据挖掘来说，想要达成的目标是：第一，通过对学习者多维度信息（如知识、元知识、学习动机、学习态度）的整合，来构建一种符合学习者自身状况的学习模型，并预测学习者未来可能的学习发展趋势；第二，建构能够使教学内容、教学设计得到优化的教学模型；第三，研究教学软件的有效性，确保其能够提供稳定的教学支持；第四，建构学习策略和教学策略模型，帮助学习者实现有效学习。在教育领域中，数据挖掘可被应用于学生学习模型的优化、学生知识结构模型的优化、教学支持手段的优化和学习系统的优化等方面。

2012年3月，奥巴马政府提出《大数据研究与发展计划》，其中特别强调了鼓励大学开设大数据相关的课程、推动大数据技术在教学研究等方面的应用。也是在这一年，美国教育部发布《通过教育数据挖掘和学习分析促进教与学》报告，对教育大数据的发展做出了路径层面的部署，学生学习行为分析中的教育大数据及其运用、教学策略优化中的教育大数据及其运用、教学评价中的教育大数据及其运用是其中重点关注的对象。报告还提出要构建关于学习者知识的大数据模型、关于学习者行为的大数据模型、关于学习者经历的大数据模型等，以使学习者能够在具有自适应特征的环境下进行个性化学习。为了推动这项教育大数据计划的落地，2013年2月，美国教育部提出了《扩展数字时代的有效学习方法》具体规划，规划中包含两项力图推动教育大数据发展的重大战略：一是要准确掌握教育大数据的发展态势，为捕捉、处理和利用教育大数据提供支持；二是计划实现教育大数据的可视化，建立静态教育大数据和动态教育大数据之间的有效联结。美国对教育领域大数据运用的重视程度在这一报告中可见一斑。2014年5月，美国又发布了一项名为《大数据：抓住机遇、保存价值》的报告，该报告从美国大数据计划的实施现状出发，阐述了教育领域中个性化学习对大数据的强烈诉求，并据此进一步细化了围绕教育大数据的开发策略。2011年，欧盟公布其《开放数据战略》，意在使欧盟公共管理部门的更多信息能够被人们自由获取。之后，这一战略得到欧盟各成员国的积极响应，纷纷公布了各自数据开放计划。2013年6月，英、法、德、意等欧盟主要成员国在签署的《数据开放宪章》中做出了推进数字产业发展和数字领域科技创新的承诺，同时承诺要将大量优质数据向公众开放。值得注意的是，在这份《宪章》中，教育领域是被重点"观照"的对象，在其优先开放的数据类别中就包括了许多教育领域的数据。在之后发布的《欧洲2020战略》中，欧盟又明确提出了运用大数据技术扩大教育普及率的计划。2014年，新加坡政府提出了一项名为"智慧国"的计划，实际上就是其大数据发展计划，这一计划旨在借助大数据技术、物联网技术、云计算技术、智能终端技术等，将社会各领域的数据实时汇聚起来，以此来帮助管理者做判断、定决策。在该项计划中，新加坡政府将大数据视为建设"智慧国"的关键技术之一，当然，其"智慧国"计划中也包括了利用大数据技术实现教育的个性化和自主化的内容。2013年12月，韩国政府发布了其"大数据产业发展战略"，在这一战略中，韩国政府将主要精力集中在大数据基础设施建设和大数据市场建设两个方面。2014，韩国政府又发布了一份名为"未来增长引擎"的计划，在未来的13个增长引擎之中，就包括了大数据这一重要引擎。接着在2015年发布的名为《K-ICT》的战略中，又进一步将大数据产业确定为韩国的九大战略性产业之一，为此还描绘了一个未来发展蓝图，即到2019年，韩国将跻身大数据产业世界三大强国。2016年又提出了《智能信息社会中长期综合对策》，也就是发展大数据产业的具体目标和实施举措。2011年，日本文部科学省开展了一项名为"学习创新事业"的教育行动，这项行动旨在通过在学校发放和推广平板电脑、电子黑板、无线网等方式来记录学生学习的进程、行为等数据，这可以说是日本教育大数据发展的前奏。2013年，日本总务省又颁布了一份题为《平成24年版信息通信白皮书要点》的报告，该报告指出，随着云计算服务、无线通信技术和智能终端等的发展、演进和普及，大数据对社会各领域的影响愈发显著。2015年，日本政府又进一步将推进教育大数据研究和发展升级为国家政策和先导性教育事业，意在通过收集和利用各地教育部门、学校、家庭、学习平台等各环节产生的教育数据资源，随时随地为学生创造良好的学习环境和教育内容。自2016年起，日本政府又陆续发起了一系列新的大数据产业项目，内容涉及教育大数据和教育物联网等多领域。

教育大数据一直受到我国的高度重视。早在2010年，《国家中长期教育改革和发展规划纲要（2010—2020年）》就提出要"探索现代信息技术与教育的全面深度融合"之路。在2013年发布的《教育部中国移动科研基金2013年项目申请指南》中，IT-大数据就已经成为教育部重点扶持的项目，以此来引导和鼓励对教育大数据的学术和应用研究。2014年，教育部印发了《2014年教育信息化工作要点》，提出要强化教育领域的数据资源整合，充分发挥数据精确指导、及时服务等方面的价值，提升全国基础教育资源的优化配置。这一工作要点提出教育领域的数据化已成为大趋势，教育大数据无疑将为中国教育开辟出新的发展方向。而在2016年《教育信息化"十三五"规划》中，又进一步提出要积极利用云计算、大数据等新技术加强资源平台建设、管理平台建设和应用模式创新。与此同时，随着各教学部门、单位智能教室、数字实验室、数字图书馆、在线学习平台、智慧校园等数字化教育基础设施的建立，大数据驱动的教育变革已经具备了坚实的物质基础。2018年，教育部又发布了《教育信息化2.0行动计划》，计划提出了深化教育大数据应用的多项举措：利用教育大数据提升教育管理能力、政务服务能力和教学工作能力，利用云计算、大数据、人工智能等先进技术构建全方位、立体式、多层次的教育技术体系，推动教育教学、教育管理和教育服务的改革创新。制定和实施教育大数据资源的共享计划，为受教育者提供海量的学习资源，实现从"专用资源服务"向"大数据资源服务"的转变。借助教育大数据，能够更加全面地掌握教育全过程，发现新的教育规律，推动教育实现多重变革，即实现教育的信息化、平台化管理；推动教育服务的精准化、个性化；实现基于大数据分析的教学优化；推动教育研究向科学化、数据化转型。

五、人工智能技术

人工智能是使教育元宇宙具备智慧教育功能的根本技术依托，教育元宇宙中教师、学生以及各类数字虚拟人之间的交往交互、协同协作以及自适应学习等功能都离不开人工智能提供的技术支持。在教育元宇宙中，所有系统、虚拟实体、用户等都需要通过机器学习获得超级智能，都需要在机器学习的基础上实现智享生活，即智慧化、主体性与能动性的生活。为了能够保障教育元宇宙中虚拟与现实、人体与物体、教师与学生之间的无障碍沟通和交互，我们还需要获得自然语言处理技术的帮助，这是一种存在于人机之间的能够运用自然语言实现有效沟通的人工智能方法和理论。教育元宇宙的人工智能技术还包括智能语音系统，它通过对语音的合成和识别，能够为教育元宇宙系统中的语言识别、关键信息抓取、多语言互译和违规内容过滤等提供支持，从而在元宇宙居民、用户和元宇宙物体之间搭建起语音桥梁。除了机器学习技术、自然语言处理技术和智能语音识别技术以外，教育元宇宙的人工智能技术还包括计算机视觉技术，它能够对教育元宇宙中的事物进行目标识别、数据测量和动态跟踪，由摄像机或虚拟摄影设备、人工智能图像算法、图像识别等技术共同构成。

第四节　教育元宇宙的基本特征

一、情境化与高拟真

教育元宇宙具有情境化、高拟真的特征，以教育元宇宙应用案例中的实验教学为例，需要紧密结合能力要求、培养目标、专业特点、课程内容等创设实验场景，再通过脑机接口、VR设备等进入实验教学情境中，依托动态全息和3D建模等技术为主客体营造高拟真度的实验场景，利用强烈的沉浸感和代入感为学生创造出"身临其境"般的体验感受。

二、全面性与多维度

沉淀在教育元宇宙平台中的海量数据，既有实验全过程形成的操作数据，也有包括触觉、嗅觉、听觉、视觉等维度的生理数据，这些数据的产生是感知实验教学环境的结果，来自教育元宇宙视域下的实验教学全过程，除此之外，也包括一些评价数据，如自我评价、教师评价和学生互评等的数据，正是这些海量数据使得教育元宇宙呈现出前所未有的全面性、准确性和客观性特征。

三、实时性与恒久性

在教育元宇宙场域中，强算力、低延迟的技术优势使得实验教学的过程具有很强的即时性，并且各个实验教学之间的切换也是非常流畅的。元宇宙的软硬件基础设施的高可靠性使其能够支持长期、反复地使用，同时也能支持操作和反复再现一些高成本、高难度、高复杂性的实验教学，这就大大降低了实验的总体成本。教育元宇宙的恒久性源自它与现实世界的同步性，从虚拟建模到实体构造的单向传递是传统的数字制造的基本特征，而在元宇宙时代，数字孪生技术的强力加持实现了从实体到虚拟的全生命跟踪，实现了对产品全生命周期的科学管理，这就使得虚拟世界和现实世界中的事物能够实现基于数据的双向联通，而从个体的角度来看，元宇宙世界可以创造平行于现实人生的数字人生，乃至实现"数字永生"。

四、互动性与灵活性

教学元宇宙场域中的互动形式多样且灵活，既有虚拟世界中的生生互动和师生互动，也有虚实融合世界中的虚实互动、人机互动，还有真实世界中的生生互动、师生互动，可谓是立体多样、形式丰富且能够支持高频操作。与此同时，教育元宇宙还具有很高的灵活性，一是可以不受空间、时间等因素的限制；二是教学和学习方式灵活多样，可支持游戏化、探究式、项目式和个性化的探索性学习；三是能够支持多种学科的实践教学，并且可根据需要灵活调整实践教学场景。

五、同步性与互操作性

移动通信技术的不断升级换代使得终端设备的便携性显著增强，并且同时也保证了设备性能的持续提升，具体有两个方面的表现：一是在硬件层面，拥有可以满足包括图形运算、浮点运算和AI运算在内的多种运算需求的嵌入式处理器；二是在软件与算法层面，伴随着分布式、微内核发展趋势和技术路线的确立，出现了鸿蒙、Fuchsia这类操作系统，此类操作系统由于微内核的特性，可以支持手表、眼镜等可穿戴设备以及音箱、平板、手机、电脑等共用同一套系统，这类系统在元宇宙中的应用进一步增强了其同步性和互操作性。

六、沉浸性与化身性

沉浸性方面，教育元宇宙依托日益精进的面部识别、光线追踪、3D显示、即时渲染、游戏编程等技术，使得所呈现的场景愈发趋近于真实化，营造出强烈的沉浸感。虚拟现实技术（VR）、混合现实技术（MR）、增强现实技术（AR）和扩展现实技术（XR）等的广泛运用让教育元宇宙场域中的内容和交互呈现出高度的拟真化特征，创造出一种能够具身参与学习过程并形成具身认知的学习空间，从而很好地弥合了现实教育世界与虚拟教育世界之间的数字鸿沟，显著提升了客观知识转化为自身认知的效率。换句话说，教育元宇宙中的教学与学习体验无限趋近于扩展了的现实学习，在数字化场域中创造出"人境合一"般的高感官式与沉浸式教学与学习体验，使得学习过程中的主动投入、情感养成、认知提升等成为可能。可以说，教育元宇宙对探究式学习环境的营造和呈现，使主客体的各种感官受到强烈的激发，主客体可以像类似游戏中的角色扮演者一样沉浸其中，或是以角色带入的形式投入其中，这是以往的学习环境或空间无法给予的。化身性方面，教育元宇宙中的主客体往往可以通过虚拟化身的形式参与到教学与学习过程之中。教育元宇宙与现实世界中的教学与学习方式最显著的不同，表现为教学与学习主客体可以实现身份与过程的相互分离，即身处教育元宇宙环境中的主客体可以同时拥有"真我"与"分身"，主客体可以将许多"真我"无法完成的工作交由"化身"来完成，并且这一虚拟化身拥有很强的自主性，还可支持在真我与化身之间建立强交互。更进一步来看，教育元宇宙场域中真我与化身之间还可以建立起强力的映射关系，即虚拟化身的学习认知或学习体验可以实时映射到真实个体之上，反之亦是如此，这就可以使得真实个体在虚拟化身的辅助下能够获得无与伦比的学习体验。

七、自由性与开放性

教育元宇宙为教育主客体创造了一个自由且开放的自组织学习环境，在这一环境中，教学与学习主客体能够在已有学习资源、学习内容、学习方式的基础上自主创造出更多资源、内容与方式，使教育元宇宙场域中的内容、资源等获得源源不断的更新。与此同时，在教育元宇宙场域中，主客体在教学与学习过程中形成的各种想法、知识、资源等也能够被实时捕捉和记录，转化为可供分享和沿用的资源。另外，教育元宇宙场域中的教学与学习过程不受固定的或强加的规则或目标等的限制，去中心化的特征使得所有参与教学与学习过程的主客体都有自定义学习规则或条件的权限，这就使得主客体可以利用任何自己喜欢的方式开展任何自己喜欢的学习活动。

第五节 教育元宇宙的实践应用

一、作为学习平台的教育元宇宙

作为学习平台的教育元宇宙是当前最为常见的元宇宙教育应用模式，它可以为教育主客体创造高度沉浸的学习环境，这也是这种应用模式的优势所在，在这种模式下，教育元宇宙需要的教学主题、硬件设备、组织方式和教学内容等都需要发起人做好准备。当前全球范围内采用这种实践应用模式的教育元宇宙平台有VR Chat、Horizon Workrooms、MeetinVR、Microsoft Mesh、Rec Room等，这些平台均可以为教育主客体营造出高沉浸式的教学学习环境。其中，最具代表性的是由Meta公司开发的Horizon Workrooms，该平台凭借Oculus Quest2等硬件提供的强力支持，可同时具备多任务模式、虚拟化身、键盘识别、桌面识别、手势追踪、AR透视等多种功能，身处Workrooms平台的教育主客体只需借助个人电脑、手机、VR眼镜等移动设备便可实现任何时间地点的远程协作。此外，Horizon Workrooms还具有以下几个方面的功能：（1）能够凭借先进的人工智能技术最多生成五十个的虚拟化身，并可实现与虚拟化身的互动；（2）能够凭借先进的手势识别技术完成举手、竖起大拇指点赞等动作，如此便可轻松实现人机之间的流畅交互；（3）可在虚拟场景中共享演示文稿等，也可在虚拟场景中实现对电脑、键盘等的共享；（4）可以提供低延迟、高质量、原生性和自然性的音视频的体验;（5）虚拟场景中存在几乎无限的白板可供使用。

二、作为沉浸课程的教育元宇宙

作为沉浸课程的教育元宇宙是一种有着广泛实践需求的元宇宙教育应用模式，能够显著提升教育主体的教学体验和教育客体的学习体验。在这一模式下，课程组织或设计者可通过租借元宇宙平台的方式设计课程内容、实践活动、课后辅导、课堂组织和成绩评测等项目，这些元宇宙平台凭借高质量的课程服务和高沉浸的教学学习体验，正一步步发展为最具前景的课程服务形态。例如，一款名为"虚拟人"（Virtual People）的沉浸式课程服务产品就是这种尝试的典型代表，是由斯坦福大学虚拟人交互实验室的杰里米·拜伦森教授发起创立的，主要以VR应用的形式服务于工程学、传播学、流行文化和行为科学等领域课程的设计和开发。2019年新冠肺炎的暴发以及随之对教育行业带来的持续性影响让拜伦森教授意识到元宇宙在教育领域的广阔应用前景，为此他根据当前主流元宇宙产品的特性重新设计了Virtual People的课程大纲，并在一款名为Engage的元宇宙平台上开设了全新的Virtual People课程，拜伦森教授还贴心地为多达263名学生寄去了Oculus Quest 2设备，以支持这些学生参加到元宇宙课程的学习中。2021年，拜伦森教授又组织学生在元宇宙课程中开展了一场规模颇大，耗时颇久的集体学习与交流活动，包括考察博物馆、海洋馆，表演音乐剧、戏剧等项目。

三、作为虚拟学校的教育元宇宙

当前，国际上已经出现了许多作为虚拟学校的教育元宇宙实践应用案例，例如专为K-12学生提供课程和教学服务的元宇宙虚拟学校。这种教育元宇宙应用模式具有很强的专业性，采用的元宇宙平台一般都是专门开发的，为了能够给学生提供个性化教学内容和教学指导，平台组织教学的教师也都是聘请的专职教师。此类实践应用的典型案例是一个名为STEMuli的元宇宙虚拟学校项目，由美国达拉斯教育基金会（Dallas Education Foundation）发起建立。该项目的建立也与新冠肺炎带来的影响具有直接的关联性，疫情期间，达拉斯独立学区为了给学生提供互联网接入服务以及与此配套的学习材料和移动设备，专门制定了一个有效期为三年的"未来学习计划"，为顺利推进该计划，该教育基金会便启动了STEMuli项目，目的就在于充分满足学区在疫情期间对线上教学提出的需求。包括"模拟人生"（The Sims）、"堡垒之夜"（Fortnite）、"我的世界"等在内的当前典型的虚拟世界产品都成为该项目吸收借鉴的对象，该项目还重新设计了与项目相匹配的交互机制、经济系统、三维场景和奖励机制。STEMuli项目提供的教育教学服务主要包括以下几个方面：（1）创建虚拟教室和虚拟校园，为学生的虚拟化身提供活动空间；（2）虚拟教室和虚拟校园的创建通过镜像和映射现实学区的方式进行，甚至连美国航空中心的场景和达拉斯的城市天际线也都映射其中；（3）教室和学生可登录自己的账号，通过操控化身进入虚拟课堂；（4）学生可通过操控虚拟化身参与到课堂问答和课堂讨论之中；（5）学生若能按要求完成课程、活动和作业，可按一定规则获得相应的积分奖励；（6）项目还引入了区块链技术，学生获得的积分奖励可在区块链技术的支持下兑换成一定的数字货币，这些货币可以用来购买虚拟校园中的虚拟物品，甚至可以兑换成现实中的货币来使用。

四、作为孪生校园的教育元宇宙

作为孪生校园的教育元宇宙是一种以提升校园的数字化服务能力为目标的元宇宙教育应用模式。数字孪生校园作为虚拟校园与现实校园平行共在、虚实共生的未来学校新样态，是物理维度上的校园和数字维度上的校园的整合体，是数据驱动型的校园治理新模式。数字孪生校园是典型的教育元宇宙应用模式，可以有效促进学校的数字化转型，提升校园的智慧化服务水平。数字孪生校园应用方面的案例有基于区块链驱动的CUHKSZ校园元宇宙系统，是由香港中文大学人云系统实验室尝试设计的，该孪生校园系统包括基础层、交互层和生态层三重架构，凭借这三重架构，孪生校园实现了对物理校园和虚拟校园的融合。具体而言，基础层方面，对校园的3D建模主要是利用Blender实现的，生态系统的建构主要依靠联盟链和智能合约来实现，此外，基础层还包含了去中心化的自治组织（Decentralized Autonomous Organization，DAO）、虚拟代币（Token）和交易系统等。交互层方面，交互设计工作由Unity3D引擎来完成，提供了基于第一人称视角和第三人称视角的教育元宇宙主客体交互界面，同时还提供了基于位置信息的普适传感交互服务。在生态层方面，开展交易和评分等的代币应用系统通过区块链技术来建构，生态层还包括了学生会等自治组织，并且呈现出鲜明的去中心化特征。CUHKSZ校园元宇宙系统的核心在于能够提供UGC服务功能，基于这一功能，每个用户便拥有了独立的个人展示空间，且支持用户自定义信息传送的方式。举例来说，学生在孪生校园中竖立的广告牌、分享展示的UGC均可设定相应的传送门，其他学生均可通过传送门进入对应的个人空间，并与个人空间中的虚拟数字化身实现互动。此外，CUHKSZ孪生校园还配置了元宇宙观察者系统，并由人工智能驱动，观察者可通过此系统了解孪生校园的运行状态和数据，并像查看监控视频那样追踪孪生校园中发生的一些事件。

五、作为开放大学的教育元宇宙

作为开放大学的教育元宇宙旨在打造高质量的高等教育元宇宙。当前，国际上除了Coursera、Udacity、edX等慕课平台以外，还出现了专门满足"元宇宙慕课"（Metaverse MOOCs）需求的开放大学，是当前元宇宙在开放大学领域的最前沿应用。不仅拥有自主开发的元宇宙平台，而且还聘请了行业精英开展专业化教学，并且还能够提供就业、创业和技能等方面的一对一指导。由于相较于传统慕课有着更近似于真实课堂的优势，元宇宙慕课很快获得了资本的青睐，成为资本竞相投资的标的。在众多的元宇宙慕课产品中，一个名为Invact Metaversity的产品引起了社会的广泛关注，它由Twitter前负责人马尼什·马赫什瓦里（Manish Maheshwari）和微软前软件工程师塔奈·普拉塔普（Tanay Pratap）共同创立，是一个典型的面向成人教育的元宇宙慕课产品，旨在为硅谷培养高级商业人才，该项目的最大吸引力和特色就在于其核心教学成员都是一些经验丰富的行业领军人才。截至目前，该项目已经成功开发出"市场营销"和"产品开发"两门课程，服务特色主要包括：（1）其商业课程具有很强的实践导向性、成果导向性和产业驱动性；（2）其校园体验和课堂学习具有很强的沉浸性；（3）身处课堂的虚拟化身拥有自己的教育背景、学习证书和工作经验等身份、经历信息；（4）课程的策划和授课由行业翘楚负责；（5）学习方式丰富多样，有且不限于个案研究、沉浸课堂、角色扮演、特邀报告和同伴互评等；（6）可选择一对一学业或就业指导，且由行业精英负责指导。

第四章

大势所趋：元宇宙赋能高校思想政治教育创新实践势在必行

第一节　元宇宙赋能高校
思想政治教育创新实践的必要性

一、科技赋能教育创新发展是贯彻党的二十大精神的题中之义

习近平总书记在中国共产党第二十次全国代表大会上的报告中强调，教育、科技、人才是全面建设社会主义现代化国家的基础性、战略性支撑。必须坚持科技是第一生产力、人才是第一资源、创新是第一动力，深入实施科教兴国战略、人才强国战略、创新驱动发展战略，坚持教育优先发展、科技自立自强、人才引领驱动，加快建设教育强国、科技强国、人才强国，加快实现高水平科技自立自强，以国家战略需求为导向，集聚力量进行原创性、引领性科技攻关，坚决打赢关键核心技术攻坚战。高校作为国家战略科技力量的重要组成部分，在国家创新体系中发挥重要作用，党中央始终对高校结合自身优势助力实现科技自立自强寄予殷切期望，高校要切实履行人才培养、科学研究、社会服务、文化传承等职能，充分发挥自身在实现国家科技自立自强中的重要作用。科技兴则民族兴，科技强则国家强。国际上，当今世界正经历百年未有之大变局，新科技革命和全球产业变革步伐加快，国际科技竞争愈演愈烈，科技单边主义、保护主义上升，个别国家大肆编织科技"铁幕"，加码技术封锁，使得我国面临异常严峻复杂的国际环境变化；在国内，我国正处在深化改革开放、加快转变经济发展方式的攻坚时期，科技在经济社会发展中的作用日益凸显，科技创新是我国打破制造业技术瓶颈，实现从产业链、价值链的中低端向中高端迈进，为中国式现代化奠定强大产业与物质基础的必由之路。可以说，我们比任何时候都更加需要实现科技自立自强。

党的十八大以来，以习近平同志为核心的党中央统筹中华民族伟大复兴战略全局和世界百年未有之大变局，把科技创新摆在国家发展全局的核心位置，做出了实现国家科技自立自强的重大战略决策，围绕实现高水平科技自立自强的时代背景、重要意义、工作重点等问题做出了一系列重要论述。习近平总书记指出："科技是国家强盛之基，创新是民族进步之魂。自古以来，科学技术就以一种不可逆转、不可抗拒的力量推动着人类社会向前发展。16世纪以来，世界发生了多次科技革命，每一次都深刻影响了世界力量格局。从某种意义上说，科技实力决定着世界政治经济力量对比的变化，也决定着各国各民族的前途命运。""我们必须完整、准确、全面贯彻新发展理念，深入实施创新驱动发展战略，把科技的命脉牢牢掌握在自己手中，在科技自立自强上取得更大进展，不断提升我国发展独立性、自主性、安全性，催生更多新技术新产业，开辟经济发展的新领域新赛道，形成国际竞争新优势。"习近平总书记在党的二十大报告中明确要求"坚持面向世界科技前沿、面向经济主战场、面向国家重大需求、面向人民生命健康，加快实现高水平科技自立自强"，并从完善科技创新体系、健全新型举国体制、强化国家战略科技力量、布局重大科技项目等方面细化了手段举措。在党的二十大报告中，习近平总书记将教育、科技、人才视作相互作用又相互促进的有机体系，统筹推进三个领域的深彻变革。其中，高质量教育体系是人才和科技力量可持续发展和创新要素可持续供给的基础保障；完善的科技创新体系是强化我国战略力量的核心，也是我国吸引人才、培育人才、激发人才活力的重要条件；完善的人才布局和高水平的人才体系是我国在国际人才竞争中的重要竞争力，也是支撑我国教育体系升级、高水平科技自立自强的重要核心。高校是国家战略科技力量的重要组成部分，是创新型国家建设的重要力量，具有人才培养、科学研究、社会服务、文化传承等多重职能，是实现国家科技自立自强的重要支柱。2022年1月，教育部、财政部、国家发展改革委发布《关于深入推进世界一流大学和一流学科建设的若干意见》，强调高校既要支撑高水平科技自立自强，围绕打造国家战略科技力量，服务国家创新体系建设，做厚做实基础研究，加强关键领域核心技术攻关，努力攻克"卡脖子"技术，抢占科技创新战略制高点；也要加快培养高层次人才，大力培养引进一大批具有国际水平的战略科学家、一流科技领军人才、青年科技人才和创新团队，强化科教融合，完善人才培育引进与团队、平台、项目耦合机制，把科研优势转化为育人优势。高校应自觉担负起助力科技强国建设的时代重任，充分发挥高校在科研和教育领域的独特作用，立足基础研究深厚、学科交叉融合的优势，把发展科技第一生产力、培养人才第一资源、增强创新第一动力更好结合起来，在助力国家科技自立自强的过程中发挥好"基础科学研究主力军""重大科技突破策源地""科技人才培养主阵地"三大关键性作用。

教育科技创新是高校科技创新的重要一维，也是助推高校教育高质量发展的动力来源，将科技创新成果融入高校教育场域进而推动高校教育不断创新发展，既是科技创新成果应用转化的必然选择，也是更好发挥高校在科技创新过程中的重要角色和功能，进而更好地服务于建设社会主义现代化国家需要的必然要求。元宇宙作为当下科技发展的最前沿方向和最新领域，具有广阔的教育应用前景，将元宇宙技术融入包括高校思想政治教育在内的教育场域，将有助于夯实教育创新发展的科技支撑，有助于以此为抓手促进高校人才培养、科学研究、社会服务、文化传承等功能的更好发挥，有助于高校充分彰显"基础科学研究主力军""重大科技突破策源地""科技人才培养主阵地"三大关键性作用。

二、元宇宙技术对于高校思想政治教育的现代化转型具有促进作用

实现高校思想政治教育的现代化转型，就是要以信息技术时代的教育规律为依循，在开展思想政治教育的过程中更好利用现代先进技术的优势，促进高校思想政治教育效能的提升。通过现代化转型促进高校思想政治教育效能提升，既是建设更加现代化和更高水平思想政治教育事业的必然要求，也是建设社会主义现代化强国对思想政治教育提出的基本要求。同时，建设现代化的高校思想政治教育体系，也是高校思想政治教育自身不断改革创新的必由之路。在这种背景下，中共中央、国务院印发的《关于新时代加强和改进思想政治工作的意见》对新时代的思想政治教育工作提出了明确要求，强调要将信息技术这一影响思想政治教育工作的最大变量转变为新时代思想政治教育工作创新发展的最大增量。因此，推动信息化背景下高校思想政治教育的现代化转型，已然成为实现高校思想政治教育高质量发展的有力抓手和重要手段，进而助力高校思想政治教育更好满足社会主义现代化对其提出的要求。而"思想政治教育+元宇宙"恰是能够给思想政治教育带来现代化转型机遇的技术组合，对高校思想政治教育现代化而言，元宇宙可以提供极为重要的实践空间和外部环境，运用元宇宙技术赋能高校思想政治教育，能够以场景升级的方式为教育主客体参与教育全过程提供重要的基础保障。同时，作为新的思想政治教育方法、思维和技术的元宇宙，在高校思想政治教育本身的方法、思维和技术的革新中也能发挥出巨大促进作用，将元宇宙融入高校思想政治教育场域中，能够为高校思想政治教育的发展开拓出新的机遇与方向。另外，元宇宙技术支持下的高校网络思想政治教育场景也将迎来革新机遇，促进其方式方法的转变，元宇宙赋能高校网络思想政治教育，有助于高校网络思想政治教育在虚实融合场景中开拓出新的方向。综上来看，元宇宙作为一种"未来已来"的通用性技术变革，可以应用于各种场域和行业，为场域和行业带来的革命性转变。在高校思想政治教育场域中融入元宇宙技术，促进高校思想政治教育的现代化变革，

已经成为一项迫在眉睫的任务。元宇宙通过对虚实之间关系的重构赋能高校思想政治教育，通过将现代信息技术深度融合进高校思想政治教育场域，重新定义了高校思想政治教育的主体、客体、内容、路径等要素。需要注意的是，元宇宙自带的去中心化、自组织等特性也将会对现有的教育规范、教育伦理等带来挑战，因此，需要在规避和防范好元宇宙可能的技术异化风险的前提下，利用元宇宙的技术驱动和赋能高校思想政治教育，推动高校思想政治教育方法路径的优化。

三、元宇宙技术对于高校思想政治教育的数智化转型具有促进作用

"科学技术从来没有像今天这样深刻影响着国家前途命运，从来没有像今天这样深刻影响着人民生活福祉。"[1]在数智技术逐渐普及、广泛应用的背景下，思想政治教育的日常图景中已经充斥着越来越多的数智技术。例如，应用于决策分析中的大数据技术，可以帮助教育决策者避开一些主观因素造成的干扰；应用于社会舆情演化趋势预测中的虚拟仿真模拟技术，可以很大程度上节省舆情应对中的时间和精力成本，提高舆情应对工作的效率；应用于穿戴环境中的VR眼镜、头盔显示器等，可以在革命纪念馆等场馆展示类教育活动中发挥重大作用，帮助受教育者沉浸式体验革命历史场景和事件，将爱国主义情怀铭刻进受教育者的心间。但由于受到当前技术发展水平的限制，这些技术与思想政治教育的融合尚处于初步探索阶段，还不能胜任一些相对复杂的教学任务。而到了元宇宙阶段，应用这些技术的水平和质量将得到质的飞跃，元宇宙技术将全领域、全方位、全过程地融入思想政治教育，以数字智能技术为思想政治教育赋能。例如元宇宙技术体系中的区块链技术具有去中心化、开放性、自治性、信息不可篡改、匿名性等几个方面的技术特征，对高校思想政治教育

---

[1] 习近平：《努力成为世界主要科学中心和创新高地》，《求是》，2021年，第6期。

而言，区块链技术能够保障思想政治教育元宇宙系统运行的稳定、高效、透明和确定性；元宇宙技术体系中的人机交互技术具有多模态感知、听觉视觉对话、数据仓库、知识处理和人机通信等几个方面的技术特征，对高校思想政治教育而言，人机交互技术能够帮助教育参与者营造涉及触觉、痛觉、嗅觉等身体感官体验；元宇宙技术体系中的电子游戏技术具有游戏引擎相关的3D建模和实时渲染功能，对高校思想政治教育而言，电子游戏技术能够解放用户生产力，能随时随地创作并进行内容生产；元宇宙技术体系中的智能网络技术具有高速、低延时、高算力、规模化的网络接入等方面的技术特征，对高校思想政治教育而言，智能网络技术能够保障用户使用高速网络连接并且成本更低的终端设备；元宇宙技术体系中的人工智能技术具有通过机器等元件模拟人的行为、感知、思维与学习等方面的技术特性，对高校思想政治教育而言，人工智能够为所需的多种智能技术提供综合性方案；元宇宙技术体系中的物联网技术具有使物体通过信息传播媒介进行信息交换和通信的技术特性，对高校思想政治教育而言，物联网技术能够将VR、区块链等现有科技元素进行整合。

第二节　元宇宙赋能背景下
高校思想政治教育创新实践的机遇

一、高校思想政治教育的平等化迎来新机遇

元宇宙赋能背景下，教育的理念、思维、内容、方法、环境等都发生了深刻变化，高校思想政治教育作为教育事业的重中之重，自然也需要抓住这些变化带来的发展机遇。元宇宙赋能背景下开展高校思想政治教育可以采取多样的载体，对传统的两大高校思想政治教育场域（即现实场域和虚拟场域）而言，现实场域中的高校思想政治教育主要凭借的是语言、文字、行为等载体，虚拟场域中的高校思想政治教育则主要凭借的是视频、声音、图片等载体。而在元宇宙赋能背景下，现实场域和虚拟场域中高校思想政治教育载体之间的区隔将会被元宇宙技术所消解甚至融为一体，这就使得高校思想政治教育的载体选择变得更加丰富和灵活多样，就可以根据学生的思想、心理、道德等的不同状况，并以这些载体为依托创新高校思想政治教育的内容、方法、措施等，形成具有元宇宙特征的高校思想政治教育新模式。在元宇宙赋能背景下，教育者可以从教育大数据资源库中挖掘高校思想政治教育资源，与受教育者围绕一些价值观念或者社会事物展开讨论，在讨论过程中实现资源的分享和思想的碰撞，

从而帮助学生在启发与互动中形成高校思想政治教育的知识建构和道德养成。在这种双向或多向的教育互动中，教育者感受到的是教育形式上的平等、自由，对教育环境的感受也是宽松惬意的，这都有利于教育者与受教育者进行充分的交流和互动，使受教育者的学习自主性和自觉性得到充分尊重，使他们的个性诉求和主体偏好得到最大程度的满足。不仅如此，这种以受教育者为切入点的教育方式，还有助于提高受教育者分享思想政治困惑的积极性，从而有力促进受教者正确价值观的树立和良好道德观的养成。元宇宙赋能背景下的高校思想政治教育是全时空的，社会、学校、家庭等教育时空被连成一个立体的网络。在这一网络中，高校思想政治教育的时空距离被无限拉近，一切年龄、地域、性别等的差异带来的鸿沟在这一教育网络中不复存在，参与到教育过程中的受教育者逐渐连为一个整体，享受着数据共享带来平等和民主。受教育者与整个社会的联系变得愈加紧密，因而当他们走出校园的时候，就很少会有对社会的不适应感，从而积极融入社会。

二、学生的自由而全面发展迎来新机遇

实现"每个人自由而全面的发展"，这是马克思勾画的未来共产主义社会的基本特征。在现阶段，实现每个学生的全面发展也是高校思想政治教育事业追求的重要目标，元宇宙赋能高校思想政治教育为这一目标的实现提供了巨大的可能和无限的想象空间。元宇宙时代亦是一个文化繁荣发展的时代，文化的繁荣催生了思维新方式和行为新模式，可以使得人与人之间、人与物之间实现虚实交叠的广泛联系，也可以使个体随心所欲地获取数据资源，无论是何时间，是何地点，是何种资源。在元宇宙赋能背景下，学生的思想观念变得更加解放、更加新颖，学生的素质也变得更加全面，学生可以用不同的方式展示一个真实立体的自我，一定意义上迎合了他们对精神文化生活的个性化需求。在元宇宙赋能背景下，学生在学习过程中的主体性也会得到极大释放，互联网、

物联网、智能终端、可穿戴设备使得人类的感官和脑力突破了原有物质条件的限制，学生收集、分析和处理信息的能力得到空前提升，与外界环节的互动方式也发生了重大改变。元宇宙赋能背景下，信息的传播速度和效率是前所未有的，而学生与外界的交往频率和速度也是空前提升的，学生可以在这一过程中充分发挥自己的想象力、创造力。元宇宙赋能背景下，诸如政务网站、信息门户网站、大型数据库资源共享平台、数字图书馆等都是学生了解信息、参与社会公共事物的重要数字渠道，学生可以将获取的各类信息重新进行排列组合和二次共享。元宇宙时代海量的智能终端将所有数据连为一个整体，打破了数据间原有的时空界限，这些数据所共同构成的海量资源进一步助力学生认知能力的提升，甚至以元宇宙特有的方式重新塑造学生的行为模式。元宇宙对高校思想政治教育最主要的贡献就是使个性化教育成为现实，有了元宇宙，就可以针对学生的不同需求提供个性化的教育策略、内容和模式。因此，元宇宙时代的高校思想政治教育实际上就是以学生为中心、促进学生全面发展的教育，就是通过捕捉和处理学的思想观念、行为取向等综合数据预判学生所需，进而提供精准配对式的思想政治教育，满足学生的个性化需求。

三、高校思想政治教育的信息化迎来新机遇

元宇宙赋能背景下，高校思想政治教育的信息化迎来新机遇，各高校纷纷以此为契机建设智慧校园，并且也开始了相配套的元宇宙建设，以发挥元宇宙在智慧校园建设中的技术价值。智慧校园不是数字校园的翻版，而是以大数据、云计算、物联网等技术为基础的综合体，建设智慧校园的目的，就是要以智能技术、信息技术等为依托，为教师和学生的生活、工作、学习以及学校的管理等提供智能化、精准化服务。推进智慧校园建设，需要将各种先进的传感器嵌入学校各系统，如水电系统、楼宇系统、校园交通系统、后勤管理系统等，利用物联网将这些传感器连为一个整体，组成一个服务系统。而后，再将

已有各系统，如学工系统、电子公务系统、教务系统等整合进这一系统之中，建立起一个全方位、立体式、无死角的数据收集环流系统，并对这些数据进行细分处理和系统分析，而后形成基于数据分析的校园管理新模式，并形成基于数据分析的决策制定新方式。但需要注意的是，通过这种方式收集上来的数据往往是非结构化的，面对非结构化的数据，需要有比较强的数据处理和分析能力才能使数据发挥出最大效能。面对元宇宙时代的海量教育资源，需要改变以往的资源使用方式，要让师生都可以运用大数据资源进行数据挖掘、分析，让大数据平台不仅能够作为数据收集平台，也能够作为数据共享平台。另外，教师也可以根据元宇宙的预测功能，对自己所要开展的教育教学进行事前评估，从而能够更有针对性的补齐短板和不足。还可以运用元宇宙对课程教学转化为实践的效果进行跟踪，从而及时解决存在的问题。元宇宙还可以在管理学生和规范学生的网络行为中发挥作用，可以对学生在网站、社区、论坛等平台的留言等进行评判和分析，对由此反映的学生可能的行为进行预判，而后针对性地采取相应的教育或干预措施，使学生树立正确的价值观念和良好的道德品质，将课堂所学转化为现实行动。元宇宙时代之前是样本数据的时代，这无疑限制了数据分析的想象力，而在元宇宙时代，即使是普通的个人，也能够在教育信息化的过程中享受其带来的红利。

四、高校网络思想政治教育迎来新机遇

元宇宙与高校网络思想政治教育的结合可以说是一种必然，这是因为元宇宙的特质与高校网络思想政治教育的特点具有一种天然的契合性。例如，高校网络思想政治教育一般具有开放性、专业性、多样性、交互性等特征，要充分体现高校网络思想政治教育的这些特征，就需要海量可共享的教育数据资源的支撑，而元宇宙正好具备这种支撑能力，元宇宙本身具有的特性正是其能够与高校网络思想政治教育产生密切关联的原因所在。高校网络思想政治教育对教

育对象基本状况及其相关的数据资源的需求是极为强烈的，元宇宙的适时出现无疑满足了这种需求。并且随着教育数据资源库的不断扩大，高校网络思想政治教育的影响力和覆盖范围也越来越大，人们对高校网络思想政治教育的重视程度也不断提高。所谓高校网络思想政治教育，是指在国家思想政治教育方针的指导下，高校遵从网络场域中思想政治教育的基本规律，为学生打造网络思想政治教育内容，并帮助学生将这些教育内容转化为道德约束或者实际行动的高校思想政治教育形式。高校思想政治教育的网络场域不同于其他思想政治教育场域，在网络场域中，信息的传播是瞬时、多维、跨域扩散的，而非像书籍、广播等的传播会受到时空距离等因素的限制。学生阶段是价值观、世界观、人生观等思想观念的养成期，学生在这一阶段的信息分辨力以及抵制不良信息侵扰的能力是普遍较弱的，因此容易受到不良网络信息的冲击。例如网络游戏、网络小说等都会对学生产生巨大诱惑，对网络游戏和网络小说等的沉迷不仅将浪费大量的金钱和时间，也会荒废掉学生的学业。元宇宙与高校网络思想政治教育的结合也有助于为学生营造一个良好的网络环境，使学生在积极正向的网络环境中接受潜移默化的教育。例如，当前很多学校都已经建立了自己的宣传网站或公众号，为学生推送了大量的正能量信息，这些举措起到了很好的网络思想政治教育效果，对于促进学生的健康发展发挥了重要作用。

第三节　元宇宙赋能背景下
高校思想政治教育创新实践的挑战

一、主体数据素养面临新的挑战

元宇宙时代的到来也带来了对教育者数据运用能力的更高要求。教育活动非常重视探究教育现象与教育本质或教育规律之间的因果联系，例如，现实中经常是学生有什么样的价值取向或行为倾向，学校或者教育者就会采取相应的教育举措，元宇宙时代的到来为这种教育活动中的因果分析创造了技术条件，但与此同时，也对教育者对海量数据的驾驭能力提出了更高的要求。在对学生思想政治大数据进行有效分析的过程中，教育者既要具备良好的思想政治教育专业素养和业务能力，也要具备对学生数据进行深入挖掘的能力。一个综合的数据汇总平台必然是多学科、多领域、集成化的，必然要求教育者兼备教育能力和数据处理能力，如果教育者不具备这样的能力，就难以利用收集到的数据发现思想政治教育过程中存在的问题，就难以针对性地采取解决问题的措施。不仅如此，若不具备这种能力，也就无法运用大数据发现新的思想政治教育规律。另外，对元宇宙时代的高校思想政治教育工作者来说，还要学会根据教育实践经验判断数据的可靠性，确保收集上来的数据能够反映学生的真实状况，这样才能保证数据分析的结果是可信的、可参考的，才能使大数据在高校思想政治教育全过程中充分发挥出它的价值。元宇宙技术的广泛应用，还会带来高校思想政治教育研究范式的转变，高校思想政治教育的一个重要研究对象就是学生的真实状况，包括价值取向、行为模式等，元宇宙时代的到来使得高校思想政治教育的研究突破了数据有限性的瓶颈，深入细致的量化研究成为高校思想政治教育新的向度。即便是充满感性色彩的思想政治教育活动，也可以通过大数据得到精准的描绘。量化研究对高校思想政治教育研究的支撑作用越来越显著，而这也就意味着高校思想政治教育的研究者必须在其研究工作中引入量化研究范式，但量化研究范式的引入并非一日之功，需要经过一个基础建构、概念澄清和范式应用的复杂过程，对高校思想政治教育研究而言，这无疑是一个不小的挑战。

二、思想道德体系面临新的挑战

伴随着元宇宙一同到来的是海量信息导致的复杂、开放、全球化的信息环境，学生的价值观念、行为取向等都面临着不同程度的冲击，影响了他们的全面发展，甚至导致信仰危机。信仰是人所特有的精神形态，信仰某种事物的前提是坚信这种事物，在坚信的基础上，信仰可转化为特定的行为。随着市场经济体系主导力的愈发增强，"拜金主义""个人主义""享乐主义"等歪风邪气对人们的价值观、人身观、世界观产生了极大的冲击，并且这种冲击在互联网的加持下还在持续扩大，阻滞了社会主义核心价值观的培育进程，甚至让一些人在对个人私利的疯狂追逐中迷失了自我，极端个人主义成为他们评价事物的标准，对集体利益的关怀荡然无存。日益加快的全球化进程使得西方的政治理念、价值观念通过网络肆意挤占学生的意识形态空间，社会主义先进文化和优秀传统文化遭受到这些腐朽思想和唯利是图生活理念的排挤，社会主义核心价值观难以发挥有效影响。产生这些现象的原因是多方面的，其中一个重要原因就是网络时代给人们创造了自由化、虚拟化、符号化的生活空间，这一空间中的个体身份是隐匿的，行为是不受约束的，这就使道德对他们的约束力日渐势弱。道德认知是道德转化为实际行动的前提，元宇宙时代自由化的网络环境势必会对学生道德认知的建构带来不利影响，以至于一定意义上使学生难以形成稳定优良的道德品质。良好的道德认知可以给予学生平和的内心状态，进而有助于形成和谐的人际关系和社会行为。网络社会可以是虚拟的，但网络社会中的人并不是凭空产生的，并不是可以游离于社会道德体系之外的；学生在网络中的身份可以是虚拟的，但其所遵循的道德观念和道德体系必须是真实的，且必须真实遵守的；同样，元宇宙时代的网络环境可以是光怪陆离、亦真亦幻的，但不能任由这种环境肆意破坏学生的道德认知、价值认同，不能任由这种环境冲击他们的信仰，加剧他们内心的冲突。

三、信息整合能力面临新的挑战

随着智慧校园建设越来越依赖物联网、虚拟现实、云计算等技术，由这些技术带来的信息的海量化和复杂化问题也日益凸显，这给智慧校园建设中的信息采集、存储、分析、应用等带来了机遇，但也同时带来了新的挑战。具体而言，在元宇宙时代，我们既要学会如何挖掘信息，也要学会如何高效地利用这些信息，尤其是如何利用其中与高校思想政治教育相关的信息。这就要求我们要掌握相应的技术与方法，学会相应的模型建构技能，学会通过对大量变量的分析发现其中的趋势。例如，在元宇宙时代的高校思想政治教育技术方面，经常需要整合多个变量来预测某一个变量，如通过整合学生课堂讨论或留言评论来预测学生有无思想困惑，根据学生在互动中的表现分成不同的群体，然后根据群体的共同特征组织适合他们的思想政治教育活动，再通过智能化的相关性分析，找到某些问题或现象产生原因，进而改进高校思想政治教育的内容和方法。从以上事例可以看出，利用元宇宙开展高校思想政治教育是复杂的系统工程，信息的海量性，以及海量信息间联系的广泛性，都对元宇宙校园建设能力提出了很高的要求，它不仅需要解决信息收集和互联互通的问题，还要解决利用各种先进技术和方法对信息进行分类整合、再分类再整合的问题。传统的分析技术如信息挖掘、机器学习、统计分析在元宇宙时代需要做出相应调整。元宇宙技术之所以能够在高校思想政治教育中大放异彩，首要的原因就是收集到的海量信息能够很大程度上准确反映学生学习、认知、情感、思维、行为等方面的基本情况，面对这些海量信息，首先接受巨大考验的，就是有没有强大的信息存储能力和存储空间，这种对巨量存储空间的要求无疑是对信息存储硬件的巨大挑战。另一方面，如果信息库中高校思想政治教育相关的信息无法实现融合，那么信息本身的价值就会大打折扣，如果各方面的信息始终各自为战而不能实现统一调度，将造成宝贵信息资源的浪费。因此，推进元宇宙在高校思想政治教育中的深入应用，还需要破除信息的孤岛化，实现海量信息的有效整合，唯有如此才能建立高质量的信息库资源，才能充分发挥元宇宙对高校思想政治教育信息化的推动作用。

四、传统培养模式面临新的挑战

元宇宙时代高校思想政治教育必须适应社会主义现代化建设的实践所需，为培育社会主义现代化建设人才贡献出思想政治教育的力量。元宇宙时代高校思想政治教育的根本任务是培养人，尤其是要将培养社会主义接班人作为根本任务，知识传授一直是高校思想政治教育的主要目标，组织相应的考试也一直是主要形式。在这一过程中，学生的一些个性化教育需求没有得到很好的满足，一些个体性的问题也没有得到充分重视，学生在网络场域中积累的负能量也就无法通过思想政治教育得到及时排解，进而导致学生的认识和行为出现偏差。因此，高校思想政治教育必须直面实际问题，直面学生的实际需求，积极利用元宇宙技术的支持高效地完成教育目标。

第五章

理论审视：元宇宙赋能高校思想政治教育创新实践的学理依据

第一节　元宇宙赋能高校思想政治
教育创新实践的基础理论依据

一、高校思想政治教育内容论

（一）元宇宙背景下需要不断创新高校思想政治教育的内容

高校思想政治教育作为社会巨系统的有机组成部分，如何与所处的复杂社会巨系统相适应，始终是其面对的重大挑战，高校思想政治教育不仅要应对这种挑战，也要在这一过程中做到能动超越和积极有为，实现适应与发展的有机统一。高校思想政治教育的内容是随着时代发展而不断演变的，在不同的历史条件、社会关系和生产力境况下，高校思想政治教育的内涵和要求、高校思想政治教育担负的时代使命也是不尽相同的，与之相应的，高校思想政治教育的内容也是随着社会发展和时代变化不断调整和创新的。并且在每个时代内部，高校思想政治教育内容虽然在总体上是一致的，但也仍然会在每个细分时段表现出不同的内容特征，这是因为社会关系是时刻变动的，建基于其上的上层建筑也必然是时刻调整的，这就必然要让高校思想政治教育的内容做出相应的改变和创新，以适应社会形势的变化所带来的新的教育要求。高校思想政治教育的内容设置只有时刻与社会变化保持良好的互动关系，才能始终使其与社会需求形成相互匹配的和谐状态，进而才能始终保持高校思想政治教育的生命力。当前，社会主义市场经济的深入发展为高校思想政治教育的内容更新提供了新的场域，社会主义市场经济的建立和不断完善引领了社会的变革，社会生产力、经济活力、综合国力、人民生活水平在这一变革中飞速提高，社会主义制度的优越性得到前所未有的彰显，文化自觉和文化自信显著增强。人们不断解放的思想、不断开阔的眼界和不断更新的观念要求高校思想政治教育的内容不断扩展和创新，并不断加速其现代化转型，从而为新的社会需要提供教育保障。在高校思想政治教育内容建设的具体实践过程中，必须以马克思主义的世界观、人生观、价值观为基本依循，以爱国主义、集体主义为原则遵循，践行爱人民、爱劳动、爱科学、爱社会主义的道德要求，充分吸收适应现代社会的价值理念，市场观念、竞争观念、法治观念、创新意识、公平理念，充实高校思想政治教育的内容，为高校思想政治教育注入时代气息和持久活力。

现代科学技术的发展呈现出加速化、综合化特征，科技与人文之间的联系日益密切。当前，经济发展、全球化以及科技本身都在孕育新的技术突破，与科技相关的知识生产、传播、应用规模不断提高、速度不断加快，对科学研究、技术创新、产业发展、社会进步等的促进作用愈发显著，一系列科技创新成果正在以空前的规模和速度转化为现实生产力，深刻改变着生产关系和上层建筑。当然，科学技术的进步不仅会对人们的物质生活产生影响，也会对人们的精神文化生活产生深刻影响。尤其是对高校思想政治教育而言，科学技术的进步不仅将带来物质层面思想政治教育技术的革新，也会带来非物质层面思想政治教育内容的更变。首先，人们的精神生活在现代科学技术的加持下日益丰富，科学技术提高了人们的认识能力，变革了人们的道德观念，革新了人们的思维方式，激发了人们的创造活力，提升了人们的精神追求，帮助人们形成了科学的世界观，使高校思想政治教育内容质量不断提升。其次，现代科学技术不断为高校思想政治教育内容"添砖加瓦",充实了高校思想政治教育的内容,使高校思想政治教育获得了活力和吸引力,使理想信念、党的路线方针政策等的教育获得了丰富的材料支撑,也在一定程度上增强了马克思主义理论的说服力。最后,现代科学技术也为高校思想政治教育研究带来了新的问题域,引领和重新塑造着高校思想政治教育的研究方向。因此,必须充分认清现代科学技术对高校思想政治教育提出的新要求,充分利用现代科学技术为高校思想政治教育带来的新机遇,在高校思想政治教育中大力普及科学知识,倡导科学方法,传播科学思想,弘扬科学精神,用大量鲜活的思想、知识和材料充实高校思想政治教育的内容,使思想理论教育、理想信念教育、党的路线方针政策教育不断呈现出新气息,增强高校思想政治教育的吸引力和说服力。

伴随着元宇宙时代的到来,数字化、虚拟化、全球化的生活环境使原有的时间和空间阻隔被打破,人们的生活空间、生活方式和思维方式发生了前所未有的变化。元宇宙既是高科技的成果,也是现代文明的缩影,还是信息传播的重要工具,其重要地位不言而喻。元宇宙中的信息传播使人们的思想意识摆脱了国家、地域、社会制度、意识形态等的约束,加强了处于不同文化传统、不同思想观念、不同宗教信仰、不同生活方式下人们之间的相互交流。与之相应的是,人们的政治信仰、道德标准、价值选择等也变得日益复杂化。元宇宙是具有高度开放性的信息传播交互工具,是高校思想政治教育的重要延伸阵地,元宇宙的普及既有助于促进高校思想政治教育方式的现代化,也有助于促进高校思想政治教育思维的现代化,为高校思想政治教育提供了新场域,开辟了新模式,注入了新动能,极大地提升了高校思想政治教育的实效性,扩展了辐射面和影响力。但与此同时,元宇宙中也包含了大量"有毒"、有害、不健康的信息。元宇宙就像一把双刃剑,既带来了技术的腾飞,也导致了一系列问题,例如元宇宙犯罪、元宇宙病毒、元宇宙黑客、元宇宙色情、元宇宙信息污染、元宇宙网络沉溺等社会问题,这些都对高校思想政治教育能力和内容提出了更高要求。但总体来看，元宇宙对高校思想政治教育的正向推动作用是显著的，元宇宙信息巨量、覆盖广泛、传播高速、互动高频等优势成为高校思想政治教育工作者获取信息、开阔视野、拓展知识、启迪智慧、增进交往的重要手段。尤其是作为元宇宙重要基础设施的数字媒介极大地扩展了高校思想政治教育的覆盖范围；方便快捷的信息捕捉和存储技术，增大了高校思想政治教育的信息容量；形式丰富的教育载体，提升了高校思想政治教育的感染力、吸引力。因此，高校思想政治教育应积极融入元宇宙时代的教育新环境之中，有效利用元宇宙为其提供的教育资源，开展丰富多彩、积极有为的元宇宙思想政治教育，丰富高校思想政治教育的内容，用正确、积极、健康的思想内容、文化内容和信息内容占领元宇宙阵地。

（二）高校思想政治教育内容的结构

1. 基础性内容

基础性内容指的是符合社会运行的一般规则、为人处世的一般品质、安身立命的一般素养的最简单、最朴素的内容，它囊括了人们生产生活的各个方面，伴随着人们的全生命周期，是高校思想政治教育最朴素、最惯常的内容，是高校思想政治教育内容体系中的主干部分，具有影响面宽、渗透力高、持续性强、吸引力大的特征。从高校思想政治教育基础性内容的内容体系来看，它主要包括了传统美德教育、公民道德教育、爱国主义教育和艰苦奋斗精神教育。中华传统美德是优秀传统文化的重要组成部分，是人类传统美德中最具持久性的部分，是中华民族精神的重要体现和赖以存在的基础，是民族自信心、自豪感和凝聚力得以形成的重要催化剂，是高校思想政治教育的宝贵素材。高校思想政治教育中的传统美德教育，对于良好道德风尚和社会风气的形成具有十分重要的促进作用。高校思想政治教育中的公民道德建设是一项提升全民道德水平的基础性工程，对于促进物质文明和精神文明的协调发展，以及促进人的全面发展具有相当重要的意义，对高校思想政治教育融入社会主义先进文化建设也具有促进作用。爱国主义教育具有联通思想政治教育、社会主义精神文明建设和社会主义先进文化建设的重要价值，是提高民族凝聚力的战略性工程，有助于夯实全国各族人民团结进步的情感根基。艰苦奋斗精神是中华民族同时也是中国共产党人的优秀品德和传统美德，是团结和领导全国各族人民实现国家富强、民族振兴的强大精神力量。中国共产党自诞生以来的历史，也是一部不断发扬吃苦耐劳、艰苦奋斗精神的历史，充分体现了马克思主义政党的政治本色。

2. 主导性内容

所谓高校思想政治教育的主导性内容，是指能够决定高校思想政治教育的目标和本质，处于高校思想政治教育中心地位，并发挥主导作用的内容。作为社会主义教育事业之精髓的高校思想政治教育主导性内容，发挥着统一思想、筑牢信念、凝聚力量、规范道德的重要作用，一定意义上决定着中国特色社会主义教育事业的发展方向。高校思想政治教育主导性内容主要包括思想理论教育、理想信念教育、民族精神与时代精神教育、荣辱观教育和形势政策教育等五个方面。思想理论作为扬弃和提炼感性认知后的产物，是系统化、理性化的认识形式，是对客观事物现象、本质、规律的反映和揭示，是人类智慧的结晶，是人的能动性和创造性的集中体现。人类的教育实践证明，正确的思想观念始终需要正确的思想理论教育来建构，错误的思想观念始终需要正确的理论教育来消除，而实践的推进和实践问题的解决，亦始终需要正确的理论教育来引导。理想信念集中体现了人们的政治立场和世界观，是一种对人生价值取向最高准则的理性确认，理想信念蕴含的导向作用、激励作用、凝聚作用具有无穷的教育价值。贴近学生实际、贴近思想政治教育实践、贴近我国改革开放和社会主义现代化建设实际是高校思想政治教育中理想信念教育的生命力所在。民族精神是各民族在共同社会实践基础上形成的共同性的精神品质、价值取向和道德规范，这种精神品质能够被各民族成员认同和接受。高校思想政治教育中的民族精神教育旨在通过向学生传授以民族精神为内核的教育内容，使学生树立起民族情感和民族意识，并使之内化为学生的精神品质。高校思想政治教育中的民族精神教育，既要重视对民族精神的培育，也要重视对民族精神的弘扬，二者相辅相成，缺一不可。荣辱观是一种关涉对荣誉和耻辱的看法和态度的道德范畴，是世界观、人生观、价值观的表现形式之一，也是对社会文明程度的集中反映。高校思想政治教育中的荣辱观教育，旨在帮助学生化观念为习惯、化规范为行动，实现知行合一。形势政策是国际国内形势，以及党和国家方针政策的统称，形势和政策二者相辅相成，相互依循。高校思想政治教育中的形势政策教育涵盖了知识教育、能力培养和价值观教育，是高校思想政治教育的重要主导性内容。

（三）高校思想政治教育内容的特征

1.扩展性

高校思想政治教育内容具有扩展性的原因是多方面的，一方面，一些具有传统性和基础性的内容在以往的教育实践中没有得到应有的重视，但在时代环境发生变化的背景下这些内容又是极为重要的，因此亟须引起对这些内容的重视；另一方面，人的全面发展在变化的时代背景下又有了新的内涵和要求，因此高校思想政治教育内容需始终做到与时俱进。可见，高校思想政治教育不仅要重视基础性内容和主导性内容的发展和完善，也要根据时代变化提出的新要求重视起对扩展性内容的发展和完善，尤其是要重视在高校思想政治教育扩展性内容中体现社会发展和时代变化的新要求。概括来看，高校思想政治教育的拓展性内容主要包括诚实守信教育、心理健康教育、公民意识教育、创新精神教育、生命伦理教育、生态道德教育等主要方面。高校思想政治教育中的诚实守信教育旨在培育学生的诚信品质和守信习惯，它既是一种诚信观念的认知建构过程，也是一种诚信习惯的行为养成过程，既需要个体层面的自觉意识和主动接受，也需要社会层面的外在灌输和环境熏陶。高校思想政治教育中的心理健康教育，是一种综合运用教育学、心理学等的知识和技术对学生的心理加以干预和优化，以使学生的心理矛盾得到化解、心理冲突得以减少、心理压力得以缓解、心理素质得以提升、健康心理品质得以形成的过程。高校思想政治教育中的公民意识教育，是指帮助学生树立忠诚国家的意识、民主法治的意识、自由平等的意识、公平正义的理念等，将学生培养成为能够自觉享受权利、履行义务和承担责任的合格公民的教育活动。高校思想政治教育中的创新精神教育，旨在帮助学生养成创新意识、创新思维、创新能力和创新个性，并以此来激发和带动全社会的创新精神、创造潜能、创造能力、创造品格、创造思维的教育活动。高校思想政治教育中的生命伦理教育，是指以学生的个体生命特征和发展规律为教育内容，帮助学生感悟生命的本质、价值和意义，使学生树立起敬畏生命、热爱生命、实现生命价值的思想理念，激发他们对生命尊严、生命潜能、生命品质、生命价值等的理性认知。高校思想政治教育中的生态道德教育，旨在引导学生正确认识和处理人与自然的关系，培养生态意识、生态智慧和生态德行，形成生态良知、生态审美、生态责任等生态人格。

2.整体性

高校思想政治教育内容的整体性指的是高校思想政治教育是一个有机整体，并且构成这一整体的各要素之间具有相互联系、和谐共生、协同统一的关系。一方面，高校思想政治教育内容的类别形态是不一而足的，不同形式的思想政治教育对应着不同的思想政治教育内容和逻辑，并且这种差异性的存在是客观的不以人的意志为转移的；另一方面，高校思想政治教育不同内容之间又是相互关联、相互渗透、和谐共生的，具有互动、有序、有机的持续性联系。换句话说，可以将高校思想政治教育内容视为一种有机整体，这一有机整体内含多重结构，并且多重结构之间也具有复杂关系，使得诸种内容既相互区别又相互联系，既具有整体性又不失个体性，呈现出一种全方位、立体式、全过程互动共生的状态。首先，高校思想政治教育内容呈现出不同的形态。所谓形态，是指客观事物以何种形式和样态存在，存在形式和形态是世界上任何事物都具有的，高校思想政治教育内容也有其存在形式和样态，由于不同形态的思想政治教育内容具有不同的特点，因而人们对高校思想政治教育内容形态的划分也是不尽相同的。目前，对思想政治教育内容形态比较公认的划分是将其分为政治教育、思想教育、道德教育、法纪教育、心理教育五种形态。这些形态因为各自的性质、地位、作用、目标、任务、遵循的规律、运用的方法等都不尽相同。其次，高校思想政治教育内容诸形态之间也存在相互关联。高校思想政治教育的内容系统是多样化、多层次的，它们既是相互规定和限制的关系，又是相互影响、激活、推动、促进的关系，使高校思想政治教育内容形态具有了主次分明、和谐统一的特征。在这一形态体系中，处于核心地位的是政治教育，处于根本地位的是思想教育，处于基础地位的是道德教育，处于保障地位的是法纪教育，处于前提地位的是心理教育。再次，高校思想政治教育内容形态构成了一个统一的整体。任何事物都是既作为整体又作为部分存在的，恩格斯指出："思维，如果它不做蠢事的话，只能把这样一些意识的要素综合为一个统一体，在这种意识的要素中或者在它们的现实原型中，这个统一体以前就已经存在了。"[①]同样，高校思想政治教育内容形态也是一个有机整体，并且是按照一定的时空关系组合而成的有机整体。

3.结构性

由于内容构成方式、表现形式、关联程度等方面存在差异，高校思想政治教育内容呈现出了鲜明的等级次序，高校思想政治教育内容的这种等级次序既有纵向层面的，也有横向层面的。从这种等级次序产生的逻辑来看，在对内容质态的分类和内容外延的扩展中形成了对高校思想政治教育内容的分类，在对内容量态的分解和内容内涵的细化中形成了高校思想政治教育内容的分层。研

---

① 《马克思恩格斯选集》（第3卷），人民出版社，1995年，第381页。

究高校思想政治教育内容结构的学术实践中，要善用归纳分类的方法，在层次结构的剖析过程中破解高校思想政治教育内容的层次关系，使高校思想政治教育内容的结构体系得到合理建构。具体来看，一是高校思想政治教育内容整体形态的层次结构。高校思想政治教育的整体结构涵盖了政治、思想、道德、法纪、心理等多方面内容形态，这些内容形态的有机统一构成了高校思想政治教育内容形态的基本框架。与此同时，高校思想政治教育不同内容形态之间也是相互联系，相互作用的，通过由简而繁、积少成多的教育过程，推动学生政治素质、思想素质、道德素质、法纪素质和心理素质等的协同发展。二是高校思想政治教育同一内容形态的层次结构。对高校思想政治教育内容而言，不仅其内容整体形态呈现出层次结构，在同一形态的教育内容中，也不是仅有单一结构，而是有自身的等级关系和层次要求。综上所述，高校思想政治教育内容无疑是一个巨系统，这一巨系统有着完整的逻辑结构，有着特定的教育目标和任务导向。高校思想政治教育内容需要符合时代发展的要求和教育对象自身的发展规律，实施心理、法纪、道德等多方面的教育，更好反映高校思想政治教育的层次要求。并按照促进学生全面发展的目标优化教育内容，建构日常性、系统性、时政性、基础性、主导性、拓展性教育内容体系，使高校思想政治教育内容体系既具有纵向的顺序性、对应性，又具有横向的交互性、融合性，形成科学的教育目标、多层次的教育格局和系统性的教育内容。

4. 有序性

所谓"序"，是指对事物排列次第的区分方式，"序"既可以用来标识事物的层次，又可以用来标识事物的连续性。拥有"序"的事物通常被称为有序性事物，有序性描述的是构成事物的诸要素之间排列组合关系的逻辑性、规律性，例如事物在时间维度上的顺序性，在空间维度上的序列性等。大学生思想观念的产生和道德品质的锻造具有鲜明的有序性，通常情况下需要经历从个别到一般、从简单到复杂、从具体到抽象、从感性到理性、从低级到高级、从现象到本质的渐次递进过程。高校思想政治教育内容的顺序性或序列性，指的是高校思想政治教育内容呈现出来的顺序性或序列性特征。具体而言，一是高校思想政治教育内容的顺序性。高校思想政治教育的诸内容之间存在独立又兼容、平行又递进的顺序性关系，高校思想政治教育诸内容之间的这种顺序性关系生成于内容本身产生、发展的过程之中，遵循着特定的逻辑关系。高校思想政治教育内容要实现升级或更新，需要经历一个循序渐进的实施过程，需要遵循学生思想政治素养和道德水平渐次提升的顺序性。而这种顺序性又突出地体现在以下几方面：首先是从简单到复杂的顺序，主要表现在高校思想政治教育内容的产生、发展过程之中；其次是从低级到高级的顺序，与其他任何事物一样，高校思想政治教育内容本身也是处在变化发展过程之中的，需要从初级的、低层次的内容一步步发展为复杂的、高层次的内容；再次是从具体到抽象的顺序，所谓具体，即个别、细微之义，所谓抽象，即总体、普遍、宏观之义。二是高校思想政治教育内容的序列性表征。高校思想政治教育内容序列是指将教育内容按照一定顺序组合而成的内容群组，层次是内容序列的呈现形式，序列是对内容层次的系统化。高校思想政治教育内容序列具有多维度、多系列的特征，是对不同方面内容、不同关系内容进行归类和排列之后形成的高校思想政治教育内容系列性组合。

二、高校思想政治教育方法论

（一）高校思想政治教育方法的内涵

要准确理解高校思想政治教育方法的概念，我们首先应理解一般方法的概念，二者之间存在特殊与一般的关系。所谓一般方法，即我们在生活、工作、学习等实践环境中为达致某一目标或完成某一任务采用的"道"和"术"，方法是人们经过长期实践概括形成的，是一种对事物规律的反映形式，研究一般方法的内涵和性质，是我们对高校思想政治教育方法做出界定的基本依据。笔者认为，方法是人们在对实践活动目的和对象的研究中建立起来的，是为完成任务或实现目标采取的步骤、工具、流程等的总称。方法概念的一个明显特征就是具有广泛联系性，具体表现在以下几个方面：第一，方法与人们的实践活动是广泛联系的，方法形成、产生于人们长期的实践活动之中，就其本质而言，正确方法的使用意味着人们已经局部或整体上把握了对象的规律，方法是目标转化为现实的中介，人的实践活动必须依赖一定的方法才能顺利进行。第二，方法与人们实践活动的对象是广泛联系的，若不存在实践对象，实践方法也就无从谈起，采取何种实践方法，须与实践对象的性质和特征相适应。因此，当人们的实践对象表现出复杂性时，人们实践的方法也应是系统性的、全面性的。与此同时，由于实践对象是千差万别的，实践方法也应根据对象之间的差异做出调整，从而增强方法的适应力。不仅如此，实践对象也是变化发展着的，因此实践方法也必须是与时俱进的。第三，方法与人们实践活动的目的、任务是广泛联系的，不同的实践目标、任务对应不同的方法，不同的方法服务于不同的实践目标和任务。同时，多样性的目标、任务产生多样性的方法，方法是否管用、好用，也通过是否完成了目标、任务来验证。第四，方法总是与一定的理论相联系。无论是用实践来检验理论，还是用理论来指导实践，都会涉及采用何种方法的问题，科学的理论支撑是科学方法的重要来源，这种现象在自然科学领域尤为显见，人们在自然科学研究中采用的具体研究方法，不仅会与研究对象相关的科学理论有关，而且也很大程度上受到已有理论或知识体系的影响或局限。

综上所述，所谓高校思想政治教育方法，就是指高校思想政治教育工作者对学生施加思想政治教育影响的过程中采用的教育手段或方式，也可以将其理解为高校思想政治教育工作者为达成一定的思想政治教育目标采取的教育手段或方式。高校思想政治教育方法可谓丰富多样，包括但不限于说服、感化、实践、比较、激励等，特殊的高校思想政治教育方法也包括了心理咨询、思想转化、预防教育、矛盾分析和理论教育等。一般而言，我们通常把以方法作为研究对象的学说或理论称为方法论，与此相类似，高校思想政治教育方法论就是指把高校思想政治教育方法作为研究对象的学说或理论。作为思想政治教育研究的重要门类，高校思想政治教育方法论的研究对象并不是所有的教育方法，而是更侧重于研究高校思想政治教育工作者如何掌握和运用好这些方法，其中就包括高校思想政治教育方法如何确立的问题，高校思想政治教育方法如何形成的问题、高校思想政治教育方法如何变化、发展等问题。高校思想政治教育方法与高校思想政治教育方法论之间既有显著区别，同时又是相互联系的。从二者之间的区别来看，它们的概念和内涵存在很大的不同，高校思想政治教育方法是高校思想政治教育工作者在教育活动中对学生施加教育影响的方式和手段，而高校思想政治教育方法论则是关于这些形式和手段的学说和理论。前者更侧重于高校思想政治教育方法的形式和实操层面，后者则更侧重于对其背后隐藏的理论规律的研究。另一方面，二者各自发挥的作用也不尽相同，前者在高校思想政治教育活动中发挥着直接的、显性的作用，后者则在高校思想政治教育活动中发挥着间接的、隐性的作用。从二者之间的联系来看，它们都是高校思想政治教育实践的产物。高校思想政治教育实践本质上就是高校思想政治教育工作者运用多种方式、方法、手段、策略对学生施加教育影响的过程，高校思想政治教育方法总是与教育实践过程相互影响、相伴而生，高校思想政治教育工作者只有借助一定的方法才能使教育活动顺利推进，而高校思想政治教育方法本身也只有在教育实践中才能被检验，才能得到不断完善。

（二）高校思想政治教育方法的影响因素

一是教育主体对高校思想政治教育方法实效性的影响。教育主体是高校思想政治教育方法的运用者和实施者，教育方法是否有效首先是由教育主体决定的，一个具有主体意识和角色的高校思想政治教育工作者，时常会主动去思考思想政治教育方法是否取得实效，及时发现方法存在的问题或不足之处，并积极研究解决的办法和提升实效性的路径。反之，如果高校思想政治教育工作者缺乏主体意识和角色意识，不去研究高校思想政治教育方法的实效性问题，那很多方法就无法发挥出本该有的教育效能，高校思想政治教育方法的实效性就无从谈起。可见，高校思想政治教育方法的实效性正是因为教育主体对教育方法的不断反思和提升才得以发挥的。二是教育目标对高校思想政治教育方法实效性的影响。在高校思想政治教育实践活动中，教育目标在整个实践过程中发挥着提纲挈领、纲举目张的作用，确立了高校思想政治教育的目标，也就意味着高校思想政治教育工作有了基本的依据，同时也意味着高校思想政治教育方法的制定有了基本的方法论遵循。高校思想政治教育目标的方向性、时代性、整体性、差异性、实践性越强，就越需要高校思想政治教育方法适应社会发展的需要和教育对象身心发展的规律，就越需要高校思想政治教育方法紧跟时代潮流、积极与时俱进，就越需要高校思想政治教育方法契合教育对象的实际需求。三是教育内容对高校思想政治教育方法实效性的影响。高校思想政治教育内容对高校思想政治教育方法实效性的影响首先表现在内容对方法的决定作用上，高校思想政治教育方法能否被学生认可和接受，很大程度上是由高校思想政治教育内容本身对学生是否有吸引力决定的，不同的高校思想政治教育内容孕育了不同的高校思想政治教育方法，如果忽视对高校思想政治教育内容本身的优化和完善，就会直接影响到高校思想政治教育方法实效性的发挥，也就是说，高校思想政治教育方法的实效性很人程度上依赖于高校思想政治教育内容本身的实效性。

（三）高校思想政治教育方法的构成

1.高校思想政治教育实践参与法

所谓高校思想政治教育实践参与法，指的是以实践活动为"催化剂"促进学生实现知行转化的方法，高校思想政治教育实践参与法的优点就在于能够使学生在亲身参与中将课堂所学内化于心、外化于行。紧扣教育目标和教育内容是高校思想政治教育实践参与法的核心诉求，高校思想政治教育活动必须主题明确，始终将引导学生实现知行转化作为根本目标，使教育实践活动始终紧贴生活实际，使实践活动过程直观自然，激发学生的参与热情，让学生成为实践活动的"主角"，充分调动他们的主观能动性，增强教育实践活动的沉浸感，使学生在"润物无声"之中接受教育、感悟道理、提升认知。

2.高校思想政治教育舆论引导法

所谓高校思想政治教育舆论引导法，指的是高校运用舆论引导的方式开展思想政治教育的方法，高校思想政治教育舆论引导法是在网络环境中应运而生的。运用高校思想政治教育舆论引导法的目标就在于用思想政治教育内容抢占高校的舆论空间，用思想政治教育内容掌握高校舆论话语权，用掌握舆论导向的方式与高校思想政治教育形成合力，实现同频共振。在飞速发展、日新月异的互联网技术的加持之下，网络媒体发展迅速，成为网络信息分发的重要平台，这导致传统媒体的舆论引导力日渐式微，面对这种形势，高校思想政治教育应主动承担起舆论引导的责任和义务，为广大学生营造一个风清气正的网络环境。

3.高校思想政治教育心理咨询法

所谓高校思想政治教育心理咨询法，指的是将心理学的方法引入高校思想政治教育过程以促进学生实现知行转化的方法。当前，随着网络环境、就业竞争、学业压力等对大学生产生日益显著的影响，一些负面新闻给大学生带来的心理影响和情绪变动愈发强烈，在这种背景下，高校思想政治教育工作者越来越重视对心理咨询法的运用。四是综合育人法。所谓高校思想政治教育综合育人法，指的是将系统论的方法引入高校思想政治教育活动，以整合高校思想政治教育的目标、内容、方法和手段，也就是将多种思想政治教育形式整合为一个有机教育系统，使其能够最大化发挥协同育人效果。

4.高校思想政治教育自我教育法

所谓高校思想政治教育中的自我教育方法，是指受教育者以高校思想政治教育的目标、要求为导向，在主体意识的驱动下，用自我认识、自我控制、自我体验的方式不断积聚进取心和进取力，形成接受先进思想浸润和养成良好行为习惯的教育方法。高校思想政治教育中的自我教育是作为教育对象的大学生以社会和道德规范为准绳进行的反映主体能动性的自觉性、主动性的教育方法，高校思想政治中的自我教育主要包括个体性质的自我教育和集体性质的自我教育两种形式。高校思想政治教育中的自我教育成效是用来评价高校思想政治教育是否全面的一个重要指标，同时也是高校思想政治教育要达到的一个重要境界，高校思想政治教育在一般情况下只是从外部对教育对象产生影响的教育形式，它更多地属于外因，而高校思想政治教育中的自我教育则更多地是一种提高学生总体素质的内因，内因才是高校思想政治教育中起决定作用的因素。高校思想政治教育中自我教育方法，其核心要求就是受教育者能够坚持自我学习、自我反思、自我提升，主动接受先进思想，主动学习榜样行为，在自知自觉中不断提升认识能力和道德水平。作为高校思想政治教育自我教育主要执行者的当代大学生正处于成长的关键期，这一时期对他们的智力水平、思维能力、身心健康等的影响可谓是深远的，在这一时期，大学生的自我意识也在持续增强，独立思考、自主选择、自主判断的能力也在稳步提升。而个体思想、认识等的提升，最根本的还是要凭借自我觉醒、自我提升、自我超越、自我完善来实现。高校思想政治教育中的自我教育是受教育者从内心体验出发进行的自我学习与自我反思，与高校思想政治教育的目的和归宿是不谋而合、殊途同归的。知识经济时代日新月异的知识更替对个体的自我提升能力、自我"充电"能力和自我进化能力提出了更高的要求。同时，海量的网络知识也为大学生开展自我教育提供了优越的条件支撑。不仅如此，网络空间中教育者与受教育者之间平等、开放、互动的关系使受教育者的主体地位得到充分尊重，这极大地提升了受教育者自我教育的积极性、主动性和创造性。

5.高校思想政治教育双向互动法

高校思想政治教育中的双向互动是指教师与学生之间通过形式多样的交流互动，实现思想、心灵的碰撞、激荡，进而搭建起师生之间的沟通桥梁，达到相互提升，共同进步的教育目标。大学是帮助学生释放青春朝气、活力，让他们徜徉于知识海洋的教育场域，大学为学生与老师之间建立双向互动式的交流沟通提供了"桥梁"和平台。大学校园中的教育主客体不是简单的"我讲你听"的关系，而是相互作用、相互成就、共同成长、共同进步的互动关系。新时代的大学生思维更趋活跃、视野更趋开阔，接受新鲜事物的倾向更为明显，摆脱教条束缚的愿望更为强烈，他们不喜欢单向灌输式的简单说教，对双向互动式的教学模式有着迫切的需要，进一步夯实双向互动的教育方法是当前高校思想政治教育改革创新的重要维度。从思想政治教育本身的发展来看，相较于传统的思想政治教育，现阶段的思想政治教育已经愈发重视在教育者与受教育者之间建立平等性的教学关系，不再只是单纯将学生视为教育活动中的被动接受者，而是更加重视营造教师与学生之间平等教学、双向互动的关系。高校思想政治教育中的双向互动教育方法克服了传统思想政治教育单向、沉闷的弊端，充分释放了教育活动的主体间性，基于主体间性的双向互动教育模式既体现了教师在教学中的主导作用，又体现了学生在教学中的主体作用，在教育者与受教育者之间建立起平等交流、双向互动的关系，使思想政治教育由传统的"教师独奏"转变为"师生合奏"。双向互动的教育方法是高校思想政治教育创新发展的动力源泉，双向性、互动性的平等交流并不是要削弱教师的主导作用，而是要求教师多用互动交流的方式引导学生树立辩证唯物主义、历史唯物主义的世界观和方法论。双向互动的教育方法促进了"二元两分式"思想政治教育的消失和"零距离"思想政治教育的产生，也促进了学生排斥心理的消失和思想政治教育感染力的提升。

6.高校思想政治教育环境优化法

所谓高校思想政治教育环境优化法，指的是通过优化教育物质环境和精神文化环境，为教育者和受教育者营造温馨舒适、活力满满的教育、学习环境，激发教育者和受教育者参与教育、学习的积极性，使它成为学生的第二课堂和精神家园的思想政治教育方法。教育环境是影响学生思想观念形成和变化的重要因素，思想、观念本质上是移入人脑并被人脑改造过的物质的东西，观念本质上是由物质决定的。教育环境是教育主客体之间交流知识、信息、情感等的重要依托，以教育环境组成部分的网络教育环境为例，它既是优质知识的集散场域，也是垃圾信息的滋生场域，良好的网络教育环境对学生正确思想观念和价值理念的形成具有显著促进作用，可以发挥舆论导向、制度规范、动力激发等功能，良好的校园网络环境也能促进文化环境的优化和提升，激发师生奋发有为、积极进取、开拓创新的能量和动力，而消极的校园网络环境则会对学生的身心健康带来诸多不利影响。高校是铸魂育人的主阵地，是国家人才培养和学生全面发展的重要载体和沃土，同时也是先进思想、文化、观念等的孕育之地，因此，优化学校教育环境是高校思想政治教育创新发展的必然选择。高校思想政治教育环境主要包括物质层面的教育环境、精神文化层面的教育环境、制度层面的教育环境和社会层面的教育环境等几个方面，高校思想政治教育环境的建设主要包括教育基础设施建设、教育文化环境建设、课堂环境建设、校园网络环境建设等方面。优良的高校思想政治教育环境往往可以起到潜移默化、润物无声、春风化雨般的教育影响力，有助于提升高校思想政治教育的育人效果，增强高校思想政治教育入耳、入脑、入心的实效性。校园文化环境是校园文化的根系之所在，对校园文化的形成和发展具有潜移默化的影响力，高校思想政治教育工作需要重视对环境优化方法的使用，充分发挥校园文化环境对教育整体环境的提升作用，进一步开发和释放校园文化环境的育人功能，为学生良好思想观念和道德品质等的养成建立环境支撑。

7.高校思想政治教育隐性教育法

高校隐性思想政治教育，是指发生在高校这一施教和受教场域内的，隐性化施教和隐性化受教有机统一的思想政治教育方法，超强的渗透性是高校隐性思想政治教育得以实现的关键。元宇宙时代的到来显著增强了高校隐性思想政治教育的渗透力，为高校开展各种形式的隐性思想政治教育提供了无限的想象空间和丰富的操作方法。特别是基于元宇宙的"数字化隐性思想政治教育方法"、基于元宇宙的"可视化隐性思想政治教育方法"和基于元宇宙的"即时化思想政治教育方法"的运用，更是进一步增强了隐性思想政治教育方法润物无声的教育效果，使高校思想政治教育呈现出超强的创造力、感染力、亲和力。元宇宙的最大特性和优势就在于可以将各种事物以数字化的形式呈现出来，这其中就包括那些复杂多变、难以简单从表面进行把握的事物或者情况（例如，每日何种时间段的思政课教学安排更能为学生带来良好的学习效果就属于这类难以简单用主观判断来把握的情况）。高校思想政治教育要取得良好效果，就要尽可能地消除事物的复杂多变性和难以把握性带来的教育不确定性，元宇宙的数字化特性就很好地解决了这一问题。在教育要素层面，教育者的综合素质、受教育者的学习能力、教育内容的安排是否科学、教学方法的设计是否合理等这些都可以通过数字化的方式呈现出来，这些宝贵的数据可以为教育目标的调整、主体素养的提升、内容设计的优化、教育方法的完善提供参考、研判和决策的依据。在教育过程层面，借助元宇宙技术，教育者的理论教学过程、实践教学过程，受教育者的理论学习过程、实践活动过程等都可以被实时记录，实现数字化的过程跟踪。不仅如此，这些跟踪数据还可以被用于效果诊断，诊断教育过程存在的问题和纰漏，审视教育者的教育能力以及受教育者的学习能力，成为教育过程改进的直接依据。在教育结果层面，元宇宙对教育结果的反馈作用巨大，教育结果是否符合预期，是否适应社会发展对教育的要求和期待，是否符合受教育者的期许，这些都需要用精准科学的数据进行研判和回答。与此同时，对相关问题和不足的解决和完善，也需要运用大数据进行提前预判，从而最大化地降低新措施可能带来的试错成本。元宇宙技术不仅使得"数字化隐性思想政治教育方法"成为现实，也促使高校思想政治教育开始向可视化转向，使得"可视化隐性思想政治教育方法"具有了变为现实的途径。可视化作为一种依靠视觉感官呈现事物的方式，是视觉感官对外部刺激做出反应进而生成特定意象，并以这种意象为介体进行观察、想象、思维的感知形式。在实践层面，可视化技术在高校隐性思想政治教育方法中的运用意义重大，它既可以实现思想政治教育过程中受教育者情绪变化、思维习惯、行为特征、兴趣爱好、心理特征等的可视化，又可以借助先进的元宇宙数据处理技术（比如人工智能、区块链等）实现数据与数据之间的融合、关联，互为参照和支撑，并且有助于将言语沟通转化为视觉沟通，起到提升沟通效果的作用。传统文本诠释型的隐性思想政治教育在意义表达过程中会受到语法、表述等的影响和限制，与之形成鲜明对比的是，可视化的图像诠释不仅更为直观易懂、生动形象，也很少受到其他限制性因素的影响，并且效果也更为明显，这是"因为视觉是人类认识活动中最有效的感官"①，许多语言文字难以表达的事物，运用视觉表达就显得轻而易举。基于元宇宙的可视化方法可以帮助隐性思想政治教育实现从低效的文本轰炸到高效的视觉刺激的转变，使高校隐性思想政治教育不仅能够满足受教育者的理性思想政治需要（如文本需要），也能够满足受教育者的感性思想政治需要（如视觉需要），真正实现基于受教育者需求的个性化思想政治教育。对高校隐性思想政治教育方法而言，如果说"数字化隐性思想政治教育方法"极大地消除了隐性思想政治教育过程中的不确定性，使得高校隐性思想政治教育变得更为精准和科学，"可视化隐性思想政治教育方法"又以视觉呈现的方式提高了教育者与受教育者之间表达沟通的效率，那么

---

① ［美］阿恩海姆：《视觉思维》，滕守尧译，四川人民出版社，2019年，第3页。

"即时化隐性思想政治教育方法"则通过大容量的数据存储和运算显著增强了高校隐性思想政治教育的时效性。以元宇宙的大容量存储、低成本运维、高速率运算、高准度预测等技术为依托，高校隐性思想政治教育的空间覆盖面和时间灵活性得到极大提升，高校隐性思想政治教育不仅从线下走向线上，也从课堂、从校园走向工作、走向生活，高校隐性思想政治教育的时间使用方式也从规定时间内使用转变为以受教育者的需求为导向灵活使用。由于存在时间损耗问题，高校隐性思想政治教育的时间投入和产出并不是简单的对应关系，这是高校隐性思想政治教育面临的基本矛盾，基于元宇宙的"即时化隐性思想政治教育方法"，可以通过云计算、人工智能等方式缩短隐性思想政治教育的响应时间，同时提高原有时间的利用效率，从而减少不必要的时间损耗的同时，增加高校隐性思想政治教育的产出和时间效益。当然，高校隐性思想政治教育时间效益的提升也要充分关注教育主客体的主观能动性，一方面要通过合理的教学安排、制度设计、管理方式、任务安排等方式减少非必要时间损耗；另一方面，也要通过大数据掌握教育主客体的时间利用情况，了解其对隐性思想政治教育时间效益的影响情况。

（四）高校思想政治教育方法的实施和创新

1.高校思想政治教育方法的实施

高校思想政治教育方法的实施需要综合考虑经济效益和社会效益，一方面，高校思想政治教育方法要能够促进学生积极性、主动性、创造性等主观能动性的生发；另一方面，高校思想政治教育方法的选择和实施也要看其是否能够以最小的思想政治教育投入获得最大的思想政治教育产出，也就是说，要看高校思想政治教育效益的好坏。高校思想政治教育效益的好坏主要看投入产出比，产出比越大，则意味着以较少的投入获得了较大的产出，而产出比越小，则意味着以较大的投入获得了较小的产出。由于高校思想政治教育资源是有限的，这就要求高校思想政治教育工作者在选择和实施某种教育方法的时候，必须权衡方法的收效，达到思想政治教育资源配置的"帕累托"最优，最大程度将追求节约教育资源与谋求最大教育效益有机统一起来。高校思想政治教育方法之所以会占用到高校思想政治教育资源，与高校思想政治教育方法本身的属性密切相关，在高校思想政治教育方法构成中，物质方法或物质手段占有重要地位，而物质方法或手段的运用必然要涉及高校人力、物力、财力等资源的使用和耗费问题，涉及经费、设备、管理、后勤、安全等诸多方面的复杂问题，这就对资源调配、管理以及维护提出了很高的要求。因此，提升教育方法运用中的资源配置效率就成为必须解决的问题，力求以最小的教育资源投入发挥出教育方法的最大效能。之所以要在高校思想政治教育方法的选择和实施上坚持高效低耗的原则，也是由高校思想政治教育方法本身的适应性特征决定的，高校思想政治教育方法的适应性，也即高校思想政治教育方法必须适应和满足高校思想政治教育对其提出的要求，也就是说，某种高校思想政治教育的"道"抑或是"术"必须要满足教育需求才能将其作为方法使用，而满足教育需求的一个重要指标就是这种方法是否取得了实效，一个实效性高的方法必然是产出高、效益好的方法，并且这种方法有很大概率同时也是高效低耗的方法。由此可知，在高校思想政治教育方法的实施和选择过程中坚持高效低耗的原则，这是顺应高校思想政治教育方法自身规律的必然结果。

2. 高校思想政治教育方法的创新

高校思想政治教育方法创新，指的是高校思想政治教育工作者在吸收、消化传统高校思想政治教育方式方法的基础上，以现代教育科技手段为依托，探索、创造、发展和完善新型高校思想政治教育方法的行为或过程。高校思想政治教育方法创新本质上就是要实现对原有或传统高校思想政治教育方法的继承性超越，这种继承性超越主要包括以下两个方面：一方面，高校思想政治教育方法创新主要是对原有方法或传统方法的改进、优化和完善，并非是要对其进行全盘否定、完全推倒重来或者另起炉灶；另一方面，高校思想政治教育方法创新是要力求探索出与时俱进，符合时代潮流和教育趋势的新方法。马克思主义认为，任何事物都不是一成不变的，都是在历史条件的变化中不断变化的，处在一种不断继承、发展、创新的循环往复之中。高校思想政治教育方法创新亦是如此，它亦是一种从继承到发展再到创新的循环往复变化过程。由此可见，在高校思想政治教育方法的创新过程中，须正确认识、谨慎处理继承、借鉴传统方法与创造新方法之间的关系。继承、借鉴原有高校思想政治教育方法是手段，创新出符合时代需要的高校思想政治教育方法才是目的，通过继承和借鉴使新的高校思想政治教育方法不至于脱离实际，而通过创新则使新的高校思想政治教育方法能够与时俱进，体现出实效性和针对性。高校思想政治教育的实践证明，正确恰当的高校思想政治教育方法可以起到事半功倍的教育效果，而脱离时代步伐、保守陈旧的高校思想政治教育方法往往会得到事倍功半的结果，甚至特殊情况之下还会让学生萌生出逆反心理，制约高校思想政治教育方法效能的发挥，进而影响到高校思想政治教育的实效性。

高校思想政治教育不仅要解决好"培养什么人"这一关键问题，也要解决好"如何培养人"这一关键问题。青年兴则国家欣欣向荣，青年强则国家繁荣昌盛，当代大学生作为新时代青年，代表着社会主义事业的未来与希望，是建设社会主义现代化国家，实现中华民族伟大复兴的生力军。高校思想政治教育既是一项事业，也是一门科学，还是一门艺术，高校思想政治教育始终处于优化发展的过程之中，不断创新教育方法和途径，是高校思想政治教育过程的重要特征和必然趋势。高校思想政治教育唯有紧跟时代步伐，推动新式教育方法的深度融入，以科学方法促进高校思想政治教育效果提升，以高校思想政治教育实践推动高校思想政治教育方法改进，不断提升高校思想政治教育的吸引力，让高校思想政治教育在新时代焕发出强大生命力和勃勃生机，充分展现铸魂育人的教育效能。对新生事物，总是处于在扬弃旧事物的过程中求发展、在继承旧事物的过程中求飞跃的往复变换之中，高校思想政治教育实践是不断变化发展的，相应地，高校思想政治教育方法也应不断创新以适应变化着的高校思想政治教育实践需要，唯有用发展的眼光来审视高校思想政治教育实践，才能为高校思想政治教育谋划出更为宽广的发展蓝图，唯有站在时代潮头审视高校思想政治教育方法，推动高校思想政治教育方法实现与时俱进，才能不断增强高校思想政治教育方法的适应力和针对性。高校思想政治教育的方法创新是顺应时代发展趋势的必然选择，在高校思想政治教育方法创新的背景下，传统单向灌输的高校思想政治教育方法将被现代化的教育方法取代，在这一过程中，只有那些具有前瞻性、发展性，能够服务现代化，能够面向未来的高校思想政治教育方法才能被保留和采用。优化和完善高校思想政治教育方法，促进传统教育方法的现代化转化创新，也彰显着高校思想政治教育方法改革创新的理论品格，助推高校思想政治教育由传统走向现代、由封闭走向开放、由滞后走向先进。

高校思想政治教育需要着重从以下几个方面推进方法创新：第一，高校思想政治教育方法要积极适应当前主流文化的特点，使其能够与当前主流文化有机融合。主流文化是高校开展思想政治教育工作的重要载体，高校思想政治教育方法创新须充分适应和利用当前主流文化的特点。高校思想政治教育方法应紧跟时代步伐，满足学生对主流文化的学习诉求，适应学生的文化心理，切中学生的文化脉搏。在形式上，高校思想政治教育方法应尽可能地做到图文并茂、生动活泼，充分满足学生对主流文化的现实需求。高校思想政治教育方法创新要想富有成效，就必须同主流文化相契合，推动二者融合统一于高校思想政治教育过程之中。第二，科学把握高校思想政治教育的规律，将寓教于乐的理念融入高校思想政治教育方法创新之中。高校思想政治教育方法创新须建立在准确把握高校思想政治教育本身特殊性的基础之上。具体来说，首先，高校思想政治教育方法本身要具有一定的吸引力，不仅要能够吸引学生的眼球，更要能够激发学生情感，触动他们的心灵。其次，要探索灵活多样、学生喜闻乐见的高校思想政治教育方法，既要让学生觉得有意思，也要让学生觉得有意义。再次，高校思想政治教育要充分体现双向互动性的要求，使学生能够积极参与到互动中来，让学生能够自由发表见解、参与讨论。第三，要充分利用网络技术排除高校思想政治教育面临的"噪音"干扰，当前的高校思想政治教育已经无法脱离互联网科技为其提供的技术保障，教育者通过互联网获取教育资源，受教育者也通过互联网获取学习资源。在此过程中，教育者与受教育者会与海量的互联网信息之间发生思想的交流和观念的碰撞。这就要求高校思想政治教育工作者学会利用网路进行有针对性的思想引导，发挥思想政治教育工作者对网络信息的调节作用，促进网络信息合规、合法进入学生视野，提高学生的信息素养，达到调整学生的思想倾向和行为取向，引导其树立正确的人生观、价值观、世界观的教育目标。

（五）高校思想政治教育方法的重要价值

第一，高校思想政治教育方法是完成高校思想政治教育任务的必要条件。高校思想政治教育任务决定高校思想政治教育方法，高校思想政治教育方法为高校思想政治教育任务服务。高校思想政治教育的首要任务，就是通过教与学的方式，将主流意识形态和价值观念传递给学生，并帮助学生将其内化为自身的思想观念和道德规范，如何选择、如何实施高校思想政治教育方法，是决定高校思想政治教育任务能否顺利实现的重要影响因素。高校思想政治教育的目的和任务具有高度的同一性，它们都由多层次的目标链条和多层次的任务链条组成。面对这种多层次的目标和任务链条，需要充分发挥高校思想政治教育方法的呈现功能，使高校思想政治教育从任务、目标层面向学生思想观念、自觉行为层面转变。第二，高校思想政治教育方法是影响高校思想政治教育效果的重要因素。不同形式、不同内容的高校思想政治教育方法会产生不同的思想政治教育结果，而这种结果正是判断高校思想政治教育效果的主要依据，一般情况下，好的高校思想政治教育结果都是符合教育预期的，不论是思想政治教育工作者还是思想政治教育对象，都对其予以肯定的评价，反之，高校思想政治教育方法就是无效的。总之，高校思想政治教育能否取得效果，或者说高校思想政治教育效果的大小，是受到思想政治教育内外部环境和诸方面条件共同影响的，比较普遍的影响因素除了高校思想政治教育的形式和内容，还会受到高校思想政治教育方法的影响和制约。第三，高校思想政治教育方法是使高校思想政治教育内容被学生理解和接受的重要手段。高校思想政治教育的内容供给与学生对思想政治教育的内在需求之间总是存在或多或少，或大或小的匹配不平衡问题，消除这种不平衡性，弥补需求与供给之间的差距，使高校思想政治教育内容无缝对接学生需求，是高校思想政治教育方法的基本功效所在。高校思想政治教育方法需要帮助学生在全面感知教育内容合理性的基础上体认其价值性，再转化为自觉行动，形成高校思想政治教育对学生的持久影响力。

三、高校思想政治教育载体论

（一）高校思想政治教育载体的内涵

作为一项育人的实践活动，高校思想政治教育总要借助一定的载体才能够开展。载体对高校思想政治教育活动来说是不可或缺的重要构件，高校思想政治教育能否实现教育目标、能否完成教育任务、能否运用教育方法、教育主客体间能否有效互动，这些都不能离开一定的载体。作为高校思想政治教育重要组成构件的载体，其内涵是什么？它有什么样的特征？包括哪些类型？这是我们首先要回答的问题。载体原本是个科技术语，初现于化学领域，后来被广泛运用到其他科技领域。其含义可简单概括为：某些能传递或运载其他物质的物质。①随着载体被引入社会科学领域，这一概念开始被众多学科使用，常被用来指称承载知识或信息的物质形体。当然，这种界定只是载体的引申义，具体

---

① 《现代汉语词典》，商务印书馆，1996年，第1568页。

到不同的学科，对载体又会有截然不同的解释。载体这一概念是在20世纪90年代被引入思想政治教育领域的，当它进入这一领域后，就形成了"思想政治教育载体"这一概念，对这一概念的解释，离不开对思想政治教育的理解。①思想政治教育是人类社会实践内容的重要组成部分，从阶级和国家诞生之日起，思想政治教育实践就一直存在着。思想政治教育活动是历史上各阶级用来争取和维护本阶级利益的重要方式，对不同的阶级、不同的国家，以及相同阶级的不同发展阶段来说，思想政治教育会有不同的名称。例如，我国的思想政治教育活动就使用过"政治工作""思想工作""思想政治工作""政治思想工作""思想政治教育"等多种名称。高校思想政治教育是指高校教师或高校思想政治教育工作者用一定的思想观念、政治观点、道德规范，对高校学生有目的、有计划、有组织地施加教育影响，使他们具备成为社会主义事业合格建设者和接班人所需要的思想政治素养的社会实践活动。为实现高校思想政治教育的实践目标，教育者就要选择一定的教育形式开展教育活动，例如思想政治理论课、讲座、文娱活动、体育活动、校园文化建设等，这些形式就是高校思想政治教育的载体。概括来说，高校思想政治教育载体就是指承载、传导高校思想政治教育因素，能为高校思想政治教育主客体运用，并且能使主客体借此相互作用的高校思想政治教育活动形式。高校思想政治教育工作者正是借助这些教育载体从事教育活动并开展双向互动，进而达到立德树人的基本目标的。

通过一定的教育载体对高校学生进行思想政治教育是高校思想政治教育的内在要求，在实际的高校思想政治教育工作中，高校思想政治教育工作者往往会自觉或不自觉地用到一些载体，但对这些载体并不是一直都有明确的认知。一个很重要的原因就是当前对高校思想政治教育载体的研究还比较薄弱，一个突出的表现就是对高校思想政治教育载体与非载体的区分还不太明确，经常出

①　陈万柏：《思想政治教育载体论》，湖北人民出版社，2003年，第8页。

现载体误判的情况。某种事物能否成为高校思想政治教育载体，需要满足以下两个重要条件：一是高校思想政治教育载体必须要能够承载高校思想政治教育的目标、内容、任务、原则等重要信息，并易于被高校思想政治教育工作者把握。只有当这些载体有了明确的思想政治教育指向性，并且蕴含着明确的思想政治教育内容以后，才能将其称为是高校思想政治教育载体。从这个意义出发，像谈话、开会、研讨这些活动都可以成为高校思想政治教育载体，只要这些活动承载的是高校思想政治教育内容。例如，通过开会、谈话、研讨等活动可以将高校思想政治教育内容（如马克思主义理论，党的思想、路线、方针、政策等）传递给受教育者。值得注意的是，社会环境也可以作为高校思想政治教育的载体而加以运用，但由于社会环境的复杂性，将社会环境作为高校思想政治教育载体时，需要坚持具体问题具体分析的运用策略。二是高校思想政治教育载体必须能够使主客体发生互动。高校思想政治教育不是教育主体单方面进行的活动，需要教育主客体的共同参与、相互作用，无论离开了教育主客体哪一方，都不能使高校思想政治教育成为完整的过程。因此，作为高校思想政治教育的载体，它必须要为教育主客体提供一个有效互动的空间。从这个意义上讲，谈心、研讨、授课听课、校园文化建设等都具有这一特征，因此都可以是高校思想政治教育的载体。另外，在高校思想政治教育载体的选择过程中要特别警惕载体泛化的倾向，避免出现认识上的混乱感和工作中的随意性。

高校思想政治教育载体和过程是密不可分的，要科学合理地认识和运用高校思想政治教育载体，就必须对高校思想政治教育载体在高校思想政治教育过程中的地位进行客观的把握。高校思想政治教育载体在高校思想政治教育过程中的地位突出表现在以下两个方面：一是高校思想政治教育载体是高校思想政治教育过程的具体组织形式。虽然对高校思想政治教育过程的概念阐释是抽象的，但实际上高校思想政治教育过程是由一系列的具体活动构成的，如对学生的爱国主义教育、社会主义理想信念教育以及道德教育等都是具体的思想政治教育过程，而这些具体过程都要采取一定的组织形式，高校思想政治教育载体就是这样的具体形式。这些形式就包括高校思想政治理论课、讲座、校园文化活动、参观革命纪念馆、参加志愿服务活动等，这些形式都是高校思想政治教育的载体。可以说，没有这些载体，高校思想政治教育就失去了具体的活动形式，更为重要的是，在高校思想政治教育载体的作用之下，高校思想政治教育内容灌输、思想传递和价值引导的目的才能有效实现。二是高校思想政治教育载体是联结高校思想政治教育各要素的枢纽。高校思想政治教育活动作为一个复杂系统，是由一系列要素构成的，这些要素就包括高校思想政治教育主体、高校思想政治教育客体、高校思想政治教育介体、高校思想政治教育环体等。在高校思想政治教育活动过程中，要使各要素能都紧密联系、协同工作，就要有连接点，高校思想政治教育载体就是这个联结点。例如，对学生进行爱国主义教育，教育的主体是高校思想政治教育工作者，教育的客体是全体学生，教育的目标是增强学生的爱国主义意识，教育的内容是爱党、爱国、爱社会主义，要将这些要素联结起来就需要具体的载体，例如授课听课、讲座、校园文化建设、参观学习等。可见，在现实的高校思想政治教育活动中，高校思想政治教育各要素正是通过高校思想政治教育载体才得以有效联结的。

（二）高校思想政治教育载体的特征

1. 主观性与客观性

社会事物按其性质大体可分为两类：一类是主观事物，一类是客观事物，客观事物不以人的意志为转移，而主观事物则是人们发挥主观能动性的认识和活动。高校思想政治教育载体作为一种复杂的社会事物，既具有客观性质，也具有主观性质，是主客观紧密联系的事物。高校思想政治教育载体的客观性是指高校思想政治教育载体是一种客观存在，不能凭空捏造和主观臆断，以高校思政课的工具载体思政课教材为例，思政课教材就是一种具有客观物质基础的载体，它的物质基础就是印刷设备、纸张、文字、图片等，其他如讲座、文娱活动等载体也都需要一系列物质基础的支撑，而若没有客观物质基础的支撑，这些思想政治教育载体都将不复存在。从这个意义上讲，高校思想政治教育载体的客观性是相当明显的，也正是因为高校思想政治教育载体作为一种客观物质性的存在，它才能被高校思想政治教育工作者认识、把握和运用。高校思想政治教育载体的主观性是指高校思想政治教育工作者对思想政治教育载体的运用体现了主观认识，是一种主体性的实践活动。高校思想政治教育工作者选择何种类型的思想政治教育载体，虽然受到该种载体本身的客观性的制约，但也明显受到思想政治教育工作者本身的思想观念和认识水平的影响。以元宇宙这一思想政治教育载体为例，在元宇宙刚刚出现的时候，人们并不能认识到元宇宙可以成为高校思想政治教育的载体，随着元宇宙的广泛应用和对人们生活的影响越来越大，它开始进入高校思想政治教育领域，并成为高校思想政治教育的重要载体。这一事例充分说明，高校思想政治教育载体除了具有明显的客观性特征以外，也是具有明显的主观性特征的。综上所述，主观性与客观性作为高校思想政治教育载体基本特性的一体两面，二者是密切联系的，一种思想政治教育形式能否成为高校思想政治教育载体，一方面要看这种形式是否符合高校思想政治教育载体的客观条件，另一方面还要看高校思想政治教育主客体的认知水平和思想状况。

2. 实践性与发展性

从本质表征来看，高校思想政治教育载体既是一个实践范畴，也是一个发展范畴，实践性和发展性是高校思想政治教育载体的另一个显著特征。高校思想政治教育载体的实践性主要表现在以下三个方面：第一，高校思想政治教育载体是高校思想政治教育实践长期积累的产物。高校思想政治理论课、定期讲座、定期班会、各种研讨会、党团活动、校园文化建设活动等这些高校思想政治教育载体都是在长期的高校思想政治教育实践活动中产生、发展、完善和固定下来的，这种载体生成的历史性鲜明地反映了载体本身的实践性。第二，高校思想政治教育载体是高校思想政治教育实践活动的形式。高校思想政治教育本质上是一种教育实践活动，是实践主体即教育者与实践客体即受教育者相互作用的活动，思想政治教育载体就是这种活动的形式，因而载体本身也是实践性的。第三，高校思想政治教育载体直接影响着高校思想政治教育实践活动的成效。高校思想政治教育是一项系统性的实践活动，这种实践活动的成效受到诸多方面因素的影响，高校思想政治教育载体就是其中的一个重要影响因素，如果载体选得好并且得到恰当的运用，这种情况下高校思想政治教育活动往往能够取得良好的实践效果，反之则可能是事倍功半。高校思想政治教育载体对高校思想政治教育实践活动的这种影响也从侧面反映了载体本身的实践性。高校思想政治教育载体的发展性则主要表现在以下两个方面：第一，高校思想政治教育载体呈现出由单一到多样、由简单到复杂的趋势，随着社会的发展和科学技术的进步，高校思想政治教育载体也变得越来越丰富，高校思想政治教育载体对使用者本身的素质和能力也提出了更高的要求，这种变化充分说明高校思想政治教育载体本身也是不断发展着的。第二，高校思想政治教育载体的内涵也是在不断发展的。例如文娱活动作为高校思想政治教育的重要载体，其内涵一直以来都是不断变化发展着的，尤其是文娱活动中的流行文化元素的表达，更是会随着社会流行文化的变动而变动。

3. 承载性与传导性

与高校思想政治教育的诸多构成要素如高校思想政治教育目标、高校思想政治教育任务、高校思想政治教育内容、高校思想政治教育原则、高校思想政治教育方法等的特征相比，高校思想政治教育载体有一个比较突出特征，那就是承载性和传导性。高校思想政治教育载体的承载性是指高校思想政治教育载体承载着高校思想政治教育的主体、客体、目标、任务、内容、原则、方法等诸要素，高校思想政治教育载体是这些要素得以相互联系的介体和相互作用的场域，是高校思想政治教育活动的现实承载者。当缺少高校思想政治教育载体发挥承载作用时，高校思想政治教育诸要素就是相互孤立、无法联系的，因而也就无法正常开展高校思想政治教育活动。以高校思想政治教育中革命文化教育为例，可以采取包括邀请老一辈革命家来校讲座等多种教育活动，构成这一活动的因素就包括教育者、受教育者、教育内容、教育目标等，显然，讲座这一活动就是将高校思想政治教育诸要素联结起来的介体。可见，承载性就是高校思想政治教育载体区别于其他高校思想政治教育要素的一个重要特征。高校思想政治教育的传导性是指高校思想政治教育载体具有传导高校思想政治教育内容的特性。承载只是手段，将承载的内容有效传导给受教育者才是目的，可以说，承载功能只是为传导功能提供了前提条件。高校思想政治教育是一个以传递主流思想观念、价值理念和道德品质为中心目标的活动过程，高校思想政治教育载体正是教育内容传导的基本渠道。当高校思想政治教育载体承载着的高校思想政治教育各要素开始相互联系、相互作用时，这种"传导"就开始了。总而言之，只有依托于各种各样的载体，高校思想政治教育工作者才能向受教育者传递各种教育信息，并引导其正确接受这些信息，这就是高校思想政治教育载体传导性的内涵所指。

（三）高校思想政治教育载体的类型

1.高校思想政治教育管理载体

管理是一定的人或组织依据所拥有的权力，通过实施既定措施，对人力、物力、财力及其他资源进行协调或处理，以达到预期目标的活动过程。[①]所谓管理载体是指将管理作为载体的意思，而高校思想政治教育管理载体则是指将高校教育管理工作融入高校思想政治教育过程之中，实现高校思想政治教育活动中教育过程与教育管理二者相辅相成、相互配合，最终起到提高受教育者的思想道德素质、规范受教育者日常行为、提高受教育者学习积极性、提升高校

---

① 刘熙瑞，张康之：《现代管理学》，高等教育出版社，2000年，第3页。

思想政治教育实效性的目的。当前，高校思想政治教育管理载体已被高校思想政治教育工作者明确认知，并且已经广泛应用到高校思想政治教育活动过程之中。当然，将管理作为高校思想政治教育的载体并不是要改变高校已有成熟定型的管理模式，而是要将高校思想政治教育内容融入高校思想政治教育管理活动之中，以管理促教育，以教育提升管理水平，实现管理与教育的协同共进。需要注意的是，将管理作为高校思想政治教育载体并不是随意性的，而是由高校思想政治教育管理工作本身的特征，及其与高校思想政治教育的相互关系等因素决定的。首先，高校思想政治教育管理工作自身的普遍性特征使其容易成为高校思想政治教育的载体；其次，高校思想政治教育管理以人为本的内在规定性使其具有成为高校思想政治教育载体的关键条件；再次，当前文化生活领域的巨大变化是将管理作为高校思想政治教育载体的客观外部环境；最后，将管理作为载体也是高校思想政治教育自身发展的内在要求。

2. 高校思想政治教育文化载体

《辞海》对文化有如下界定："广义指人类在社会实践过程中所获得的物质、精神的生产能力和创造的物质、精神财富的总和。狭义指精神生产能力和精神产品，包括一切社会意识形式：自然科学、技术科学、社会意识形态。有时又专指教育、科学、文学、艺术、卫生、体育等方面的知识与设施。"[①]所谓文化载体是指将文化作为载体的意思，而高校思想政治教育文化载体则是指将文化产品融入高校思想政治教育过程之中，抑或是将高校思想政治教育的内容融入校园文化建设之中，达到以文化涵养思想政治素养，以思想政治素养促进文化建设的目标。高校思想政治教育文化载体至少包括两层含义：一是发挥已有文化产品（如革命纪念馆、影视作品、书籍、绘画、音乐等）思想政治教育功能，二是将高校思想政治教育的内容融入校园文化建设之中，通过校园文

---

① 《辞海》（下），上海辞书出版社，1999年，第4365页。

化建设来感染学生、教育学生。当然，将文化作为高校思想政治教育载体不是随意性的，也是有其现实依据的。首先，文化本身所具有的特质使其具有了成为高校思想政治教育载体的基本条件；其次，社会生活多样化的发展趋势要求高校思想政治教育要多采用文化这一载体；再次，以文化为载体也是高校思想政治教育本身的发展需要。与高校思想政治教育其他载体相似，高校思想政治教育文化载体也有一些基本特征：一是高校思想政治教育文化载体表现形式上的多样性，对高校思想政治教育文化载体而言，文化载体一词只是抽象的概括，实际上高校思想政治教育文化载体是多种多样的。二是高校思想政治教育文化载体对学生影响的全面性。高校思想政治教育文化载体对学生的影响是多方面的，既包括对学生思想观念、价值理念、道德品质等的影响，也包括对学生行为习惯、生活方式、就业选择等的影响，还包括对学生思维方式、审美偏好、人生哲学等的影响。三是高校思想政治教育文化载体影响方式的渗透性。高校思想政治教育文化载体对学生的影响往往不是立竿见影的，而是潜移默化的，这是高校思想政治教育文化载体区别于其他载体的一个显著特征。

3.高校思想政治教育活动载体

所谓活动载体是指将活动作为载体的意思，高校思想政治教育活动载体是指将校园文化活动融入高校思想政治教育过程之中，有意识、有目的地组织开展一系列校园文化活动，将高校思想政治教育内容寓于这些活动之中，使受教育者能够在活动过程中接受思想政治教育，达到提升受教育者思想政治素质的目的。对高校思想政治教育活动载体而言，受教育者参与校园文化活动的同时实际上也在直接践行高校思想政治教育的要求，这是高校思想政治教育活动载体区别于其他载体的一个显著特征。在活动过程中，教育者通过活动施加教育影响，受教育者通过活动接受教育影响，从而使高校思想政治教育的理论教育和实践教育在活动之中实现有机统一。随着当代大学生校园文化生活的日渐丰富，学生们对校园文化活动的需求也越来越旺盛，这种情况下高校思想政治教育工作者既要重视满足学生对校园文化活动的需求，也要重视将高校思想政治教育内容不失时机地融入校园文化活动中，善于运用校园文化活动这一载体开展思想政治教育，达到寓教于乐的效果。与其他高校思想政治教育载体相类似，高校思想政治教育活动载体也具有自己鲜明的特征：一是明确的目的性，作为高校思想政治教育载体的校园文化活动是围绕着特定的思想政治教育目的展开的。二是广泛的参与性，动员广大师生积极参与校园文化活动是高校思想政治教育活动顺利开展的基本条件。三是突出的实践性，开展校园文化活动的过程也是践行高校思想政治教育要求的思想理念、价值观念、行为规范等的实践过程。将校园文化活动作为高校思想政治教育载体也是有其客观性的，首先，将校园文化活动作为高校思想政治教育载体是坚持马克思主义实践观的基本要求；其次，将校园文化活动作为高校思想政治教育载体是对思想政治教育传统的继承和发展；再次，将校园文化活动作为高校思想政治教育载体是思想政治教育的内在要求。

四、高校思想政治教育思维论

（一）高校思想政治教育思维的内涵

对高校思想政治思维相关概念的理论阐释是解释好"高校思想政治教育思维"这一概念的前提条件，"思维"和"思维模式"就是与高校思想政治教育思维相关的两个基本概念。对什么是思维这个问题，向来没有统一的定论和答案。持唯心主义论的人认为，思维、精神等都是客观存在的，属于"第一性"的，例如唯心主义辩证法的集大成者黑格尔就持这种观点，在黑格尔看来，不是物质决定思维，而是思维决定物质。以马克思、恩格斯、列宁为代表的唯物主义论者则鲜明反对这种看法，他们的观点恰恰相反，认为不是思维决定物质而是物质决定思维，"我们自己所属的物质的、可感知的世界，是唯一现实的，而我们的意识和思维，不论看起来是多么超感觉的，总是物质、肉体的器官即人脑的产物"[1]。当然，自然科学已经充分证明思维是人脑的产物，这是毫无疑问的，但我们该对思维作怎样的定义和解释呢？这里，我们可以参照逻辑学和《思维辞典》中关于思维的界定来认识和理解思维。在我国，逻辑学给思维的界定是："思维是人脑的机能，是人脑对客观事物间接的、概括的反映"[2]。和人类的普遍意识一样，思维也是有其构成要素的，思维形式、思维方法和思维规律是思维的三个核心要素。一是思维形式。人类的思维形式一般包括情感思维形式、抽象思维形式和创新思维形式，其中，情感思维形式侧重于对意象进行感性化的加工，抽象思维形式侧重于作判断和推理，而创新思维形式则侧重于"顿悟"和产生灵感。二是思维方法。例如归类法、类比法、逻辑与历史相统一的方法、分析与综合相统一的方法、从抽象上升到具体的方法、时空立体观察法等都属于思维方法。三是思维规律。思维规律并不是纯粹主观的，也是有其客观基础的，思维的规律就是思维的本质，包括一般性的思维规律、特殊性的思维规律、个体性的思维规律。

与思维的界定相似，人们关于思维模式的界定也是莫衷一是的。有学者认为，思维模式是指思维的一种程序，代表了思维形式、思维结构中的规律性，可以把它看作是思维定式和认识运行模式的总和。[3]人类的思维模式既是相对稳定的，也是变化发展的，其相对稳定性表现为人类的思维模式一旦形成，就很难在短时间内有所改变；其变化发展性则表现为人类的思维会随着客观环境的变化产生规律性的演变发展。综合来看，人类的思维模式具有以下四个方面的显著特征：一是思维模式的普遍性。以辩证思维模式为例，由于这种思维模

---

① 《马克思恩格斯选集》（第4卷），人民出版社，1995年，第223页。

② 吴家国：《普通逻辑》，高等教育出版社，2000年，第4页。

③ 楚渔:《中国人的思维批判——导致中国落后的根本原因是传统的思维模式》，人民出版社，2010年，第1页。

式可以很好地反映和把握客观事物的运动发展规律，因而它既是中国传统哲学思想的精华，也是哲学思想的重要构成。这就表明，某一种思维模式会在不同的人群、不同的领域、不同的事物中发挥相同的作用，也就是说思维模式是具有普遍性的。二是思维模式的差异性。这种差异性在东西方人思维模式的对比中尤为显见，例如季羡林先生曾说：东方人和西方人的思维模式有很大的不同，比如中国人更擅长综合思维，而欧洲人则更擅长分析思维。三是思维模式的稳定性与发展性，由于受到政治、经济、文化、社会等复杂环境因素的影响，人类一旦形成一定的思维模式，这种思维模式就会表现出惯性和惰性，即相对稳定性。而当外部环境发生变化以后，原有的思维模式又会表现出求变的一面，也就是发展性，从而使其能够更好地适应环境的变化。四是思维模式的系统性，这是因为人类的思维模式是具有层次的，不同的层次之间也是相互联系的，当这些不同层次的思维共同构成一个完整的思维系统时，人类就具有了进行系统思维的能力。

对个体来说，思维决定出路。而对高校思想政治教育来说，思维则决定高校思想政治教育能否取得实效。所谓高校思想政治教育思维，是指指导和规范高校思想政治教育工作的思维模式。高校思想政治教育思维和高校思想政治教育工作是形式和内容的关系，高校思想政治教育形式服从高校思想政治教育工作内容，高校思想政治教育工作内容决定高校思想政治教育形式。高校思想政治教育思维具有以下五个方面的基本形式：一是高校思想政治教育情感思维，情感元素是高校思想政治教育不可或缺的元素，高校思想政治教育是党的思想路线和社会主义核心价值观的播种机，坚持情感思维，在教育过程中融入饱满的情感，可以使高校思想政治教育获得事半功倍的效果。二是高校思想政治教育动作思维，一个成熟的高校思想政治教育工作者不仅善于运用情感元素，也善于运用身体语言的动作元素，坚持动作思维，运用面部表情、肢体语言等传递思想政治教育内容，无疑将极大地促进思想政治教育工作的开展。三是高校思想政治教育逻辑思维，思想政治教育本质上是要进行理论宣传，对理论宣传工作者来说，逻辑思维能力不可或缺，理论只有经历严谨的逻辑论证过程，才能使理论所要表达的主张做到乎理性，才能不至于使理论宣传被认为是空洞说教的。四是高校思想政治教育辩证思维，全面的观点、发展的眼光、具体问题具体分析等这些都属于高校思想政治教育辩证思维的内容，整个高校思想政治教育实践就是一个"活生生的"辩证思维的运用实践。五是高校思想政治教育创新思维，创新思维有助于发现思想政治教育过程中的问题，激发创新求变的欲望，创新思维对高校思想政治教育的与时俱进意义重大。

（二）高校思想政治教育思维的类别

做好高校思想政治教育工作，需要有情感投入，也需要有理性精神，还需要有创新意识，三者分别对应于高校思想政治教育中的情感思维、理性思维和创新思维。

1. 高校思想政治教育情感思维

高校思想政治教育的对象是人，是要做人的工作，而情感正是思想政治教育过程中的"润滑剂"。心理学把情感定义为"人对客观现实的一种特殊反映形式，是人对客观事物是否符合人的需要而产生的态度的体验"，人类的情感是由包括情感主体、情感客体、情感需要、情感表达方式在内的多种要素共同构成的，从人类发展历史来看，人类的情感经历了从残缺到健全的演进过程。情感对人的实践活动来说具有特殊的意义，积极的情感对人的实践活动产生巨大的促进作用，而消解的情感则会对人的实践活动造成重大阻碍。所谓情感思维，是指"通过思维主体的语言、行为、动作或面部表情而表达的思维主体的心理意愿或思维欲望的思维形式"[1]。情感思维在高校思想政治教育中的价值是巨大的，高情商、感染力强的思想政治工作者（如思政课教学名师）往往受

---

[1] 李红革：《现代思维模式研究》，湖南人民出版社，2009年，第7页。

到学生的喜爱而更容易达成思想政治教育的目标。另外，一个感情丰富、全身心从事教育事业的思想政治工作者也更能得到学生的尊敬。因此，高校思想政治教育要充分认识到情感思维的重要性，学会运用丰富的情感表达来提升思想政治教育的效果。例如，思政课教师如果善于通过幽默风趣的故事、格言等来唤起学生的情感共鸣，在引起浓厚学习兴趣的基础上融入理论宣传和思想引导，往往就可以起到"润物细无声"的思想政治教育效果，并且能够使学生发自内心地认同教育主体所要传达的理念。又如，教师如果能在教育活动开展过程中及时"察言观色"，留意学生的面部表情、肢体语言等，往往就能够一定程度上评判教学内容对学生的吸引力，进而采取相对应的改进措施。由此可见，情感思维的有效运用不仅有助于教育效果的达成，也有助于让思想政治教育成为学生真正需要的和真正受用的教育服务内容。

2. 高校思想政治教育理性思维

理性思维又称理论思维，《思维辞典》对理性思维给出的界定是："按照一定的概念、原理、观点的体系，对现实对象进行思考。"[①]对人类的实践活动而言，理性思维是极端重要的。与感性思维不同的是，理性思维并非纯粹主观性的，它需要建立在人类的生产实践、生活实践、科学实验等的基础之上。正是因为拥有了理性思维的能力，人类才可以准确捕捉到事物的本质，从而实现了社会实践的极大发展。而整个思想政治教育过程，就是一种典型的理性思维形成过程。在实际的思维过程中，理性思维表现为一些具体的思维模式，包括抽象思维、辩证思维、立体思维等，理性思维的形成往往需要经历"由形象思维到抽象思维""由抽象思维到辩证思维""由辩证思维到立体思维"的扬弃过程。首先，"由形象思维到抽象思维"的扬弃。形象思维是借助形象的观念等来反映事物的思维方式，形象思维的发挥需要有深入的想象，但这种想象

---

① 田运：《思维辞典》，浙江教育出版社，1996年，第528页。

时常具有盲目性。思想政治教育是做人的工作的，是极其复杂的，对准确性和成功率的要求很高，而要减少这种误判，就需要从形象的观念中提取具有一般性、本质性的东西，这就使得利用抽象思维扬弃形象思维成为现实需要。其次，"由抽象思维到辩证思维"的扬弃。由于抽象思维把握到的事物往往是静止的，或者往往停留在概念层面，很难准确反映事物的本质。这就需要辩证思维来克服这种缺陷，所谓辩证思维，是指用矛盾分析法认识事物运动发展及其规律的思维方式。对思想政治教育来说，辩证思维的运用，可以使其变得更为契合人的自由而全面发展。再次，"由辩证思维到立体思维"的扬弃，立体思维又称整体思维，是从多角度、多方位、多层次、多学科考察和研究事物的思维方式，力求反映事物的整体图式。对高校思想政治教育来说，从辩证思维到立体思维的扬弃将更助于思想政治教育工作者从整体上把握教育的内容、对象、形式、方法等，从而也更有助于思想政治教育水平的提升。

3.高校思想政治教育创新思维

创新是一个国家、一个民族的灵魂，也是高校思想政治教育工作的灵魂，创新是使高校思想政治教育永葆生机活力的动力源泉。创新思维一般具有稳定性与非稳定性的统一、确定性与非确定性的统一、普遍性与个体性的统一等基本特性。与抽象思维、辩证思维、立体思维等其他思维方式一样，创新思维也是由一系列思维形式共同构成的，如联想思维、直觉思维、灵感思维等。联想思维是指人们在头脑中将一种事物的现象与本质联系起来，从中找到规律的思维形式，在高校思想政治教育中（如进行个别谈话的过程中）适当运用联想思维有助于提高谈话的说服力。直觉思维是指"思维主体不是借助于逻辑程序和经验积累而穿透对象表层直接洞察对象深层状态的认识活动。"[①]在高校思想政治教育过程中，直觉思维是通过观察教育对象的外在表现发现他们心灵中的

---

① 田运：《思维辞典》，浙江教育出版社，1996年，第303页。

"秘密"，从而获取创新认知的重要手段。灵感思维是创新思维中最为独特的思维形式，是人脑中最为高级、最为复杂的思维活动，在思想政治教育工作中有不少工作方式就是建立在灵感思维的基础之上的，比如通过"头脑风暴"方式来集思广益，进而找到解决某个问题的方法。创新思维对高校思想政治教育发展具有重要价值：一是创新思维可以为高校思想政治教育开阔视野。创新思维既可以体现在对思想政治教育内容的改进、工作方法的优化中，也可以体现在对思想政治教育发展规律的探索和思想政治教育新模式的开发中，不论是内容改进、方法优化，还是规律探索、模式开发，思想政治教育工作者都会从中获取到更为开阔的视野。二是创新思维有助于将"以人为本"的教育理念贯穿到思政课教学全过程。在高校思政课教学全过程自觉运用创新思维形式和方法，将更有助于精准捕捉学生在听课过程中产生的思想火花，帮助教师做出针对性的教学调整，从而不断提升教学水平。

新中国成立以来，高校思想政治教育在社会主义建设者和接班人的培育事业中贡献了举足轻重的力量，高校思想政治教育在从无到有、从起步到壮大、从探索到繁荣的发展历程中积累下很多宝贵的创新思维，我们可以将这些创新性思维总结提炼为以下四个方面。一是理论与实际相结合的创新性思维。理论联系实际是我们党在革命斗争实践中积累下来的一条重要经验，这条经验也被广泛运用于高校思想政治教育领域，成为高校思想政治教育的重要思维方法。在这条思维方法的指导下，高校思想政治教育不断创新和完善理论与实际相结合的具体方式，运用这些创新方式分析和解决学生的实际问题，极大地促进了学生的健康成长和全面发展。二是言传与身教相结合的创新性思维。高校思想政治教育中言传与身教相结合的思维，就是指通过"言传"，以马克思主义理论的真理性说服学生，引领学生；通过"身教"，以高校思想政治教育工作者自身的模范行为和人格魅力来感化学生、带动学生。在高校思想政治教育的长期实践中，广大教育工作者已经充分掌握了言传与身教相结合思维模式，通过语言艺术和榜样示范的综合运用，使得高校思想政治教育取得了突破性成效。三是德育与智育相结合的创新性思维。新中国成立以来，高校思想政治教育既高度重视学生道德品质的涵养和文化素养的提升，形成了德育与智育相结合的创新性思想政治教育思维。具体来说，一方面抓德育促智育，以道德教育为工作中心，并将道德践履作为检验理论学习成效的重要抓手；另一方面重智育促德育，即以学生学习为第一要务，并将道德教育融入理论学习全过程。四是显性教育与隐性教育相结合的创新性思维。高校思想政治教育按其形式可划分为显性教育和隐性教育，显性教育是指直接性的、外显性的教育活动，而隐性教育则是指间接性的、内隐性的教育活动。经过数十年的不断探索和积累，高校思想政治教育已经形成了显性教育与隐性教育相结合的思维模式，一方面以思政课为主渠道开展显性教育，不断推进课程体系和教材体系建设；另一方面以校园文化建设为主渠道开展隐性教育，把思想政治教育渗透进学生的日常生活之中。这种显性教育与隐性教育的相结合让高校思想政治教育实现了又好又快发展。

（三）元宇宙赋能背景下高校思想政治教育的个性化思维

高校思想政治教育不仅需要培养"自由而全面发展"的人，也需要培养"有个性"的人，这就使得个性化的高校思想政治教育成为实践之所需。个性化的高校思想政治教育不仅有助于保持和丰富学生的独特个性，也有助于促进学生自身主体性的提升。由于每个学生都有不尽相同的学习、成长和发展规律，有了个性化的思想政治教育，就能够充分关照学生的个体性差异，充分体现以人为本的高校思想政治教育宗旨，使高校思想政治教育取得良好效果。元宇宙为个性化的教育提供了技术保障，在元宇宙技术的加持下，个性化的高校思想政治教育将成为现实。当然，仅仅有元宇宙技术的支持是不够的，理念是行动的先导，实现高校思想政治教育的个性化，还需树立基于元宇宙的个性化思想政治教育理念。

高校思想政治教育是一个动态发展的过程，客观把握动态教育过程中每个教育对象的个性特征是开展高质量思想政治教育的前提条件。一方面，元宇宙不仅可以被用来把握学生的思想状况和行为习惯，也可以被用来进行相关性诊断，并且可以用可视化的方式呈现数据诊断的结果，辅助教育主体及时、客观把握教育对象的个体特征，并客观掌握相关性要素对其产生的影响。以教育对象的人际交往为例，借助教育对象在元宇宙校园中的人际交往数据，可以可视化地呈现教育对象的性格特征、交往习惯等，然后以此为依据对教育对象进行智能化的分类（如内向型、外向型等），根据不同的类别提供符合类别需求特征的教育服务。还可通过元宇宙分析同学、朋友等对教育对象产生的影响以及这些影响何种程度上、以何种方式对教育对象的思想和行为产生作用，从而可以采取针对性的教育举措。另一方面，随着元宇宙成为学生在未来的重要生活空间，学生在元宇宙生活空间中的个性特征也将成为高校思想政治教育需要重点关照的领域。对学生在元宇宙生活空间中的认知、情感、意志、行为等进行分析，有助于客观反映学生在元宇宙生活空间中的个性特征。以元宇宙社交工具中的教育对象数据为例，元宇宙社交工具是受教育者在元宇宙生活空间进行个性化表达的重要媒介，所以元宇宙社交工具上必然沉淀着受教者的各种数据，其中既有反映积极向上的生活态度的数据，也有表达抱怨和不满、反映消极人生态度的数据，对这些数据进行及时的跟踪、分析和研判，将进一步提升对受教育者个性特征分析把握的精准性，也将更有助于对受教育者进行辨是非、明善恶的教育引导。

在树立运用元宇宙技术把握教育对象个性特征的思维以后，还需要树立运用元宇宙开展个性化的思政课教学的思维。在运用元宇宙客观把握受教育者个性特征的情况下，应将其融入个性化思政课教学之中，使这些数据成为开展个性化教学从而提高教学质量的依托和支撑。与此同时，在开展个性化思政课教学的过程中也会形成大量的数据，这些数据也可以精准、客观反映个性化教学的实施情况，因而这些数据又可以被用于进一步完善思政课个性化教学。在具体的实施环节中，这种基于元宇宙的个性化课程可以说是形式多样的，例如，可以开展"一人一方案"的个性化思政课教学，受教育者完成思政课必修课的学习以后，可以根据个性特征有针对性地开设"加餐课"，包括但不限于专题课、辅修课、兴趣课、慕课、直播课、实践课等，在元宇宙技术的支持下，这些课程可以通过智能推送的方式进入学生的教学安排。当然，学生也可以自行搭配符合自身偏好的个性化思政课教学设计。例如，可以开展"一人一方式"的思政课教学，可以运用元宇宙为受教育者量身定制学习环境、学习时间、学习顺序、学习目标、学习方案等。可以预见的是，随着思政课教学资源整合的不断深入，以及全国思政课资源共享平台的建立完善，再加上规范化的思政课教学供应链的发挥作用，个性化的思政课教学方案和选择将会越来越丰富多样。

在整个思想政治教育过程中，教育评价是不可或缺的重要环节。尤其是有了元宇宙技术的赋能之后，高校思想政治教育效果评价将变得更为科学合理，教育效果评价在整个高校思想政治教育过程中的重要性将进一步凸显，在这种背景下，树立运用元宇宙技术开展个性化思想政治教育效果评价的理念就成为现实之需。首先，要利用元宇宙技术对思想道德养成过程进行个性化评价。在思想道德养成的个性化评价过程中，基于人工智能的大数据分析软件具有特殊作用，它不仅是每一位受教育者忠实的教育伴侣，也能成为个性化教育计划制定和教育效果评价的"良师益友"，尤其是对个性化的思想道德养成效果评价来说，这种分析软件可以发挥关键作用，这种关键作用表现为它的实时性，即它可以一边将个性化思想道德教育计划实时推荐给受教育者，一边将思想道德养成的效果实时反馈给受教育者，并对其提出改进意见。其次，要利用元宇宙技术对思想道德转化为自觉行动的效果进行个性化评价。受教育者在元宇宙生活中的很多行为都可以作为评价的对象，例如，受教育者有无元宇宙图书馆借书的违约或者丢失记录、受教育者在元宇宙空间中出行时是否遵守交通规则、受教育者有无破坏元宇宙公共秩序的行为等。以这些元宇宙数据为依据，就可以对受教育者思想道德转化为实际行动的效果做出初步的判断。这种评价不仅个性化十足，而且也具有一定的科学性。再次，要利用元宇宙技术拓展评价主体，进一步提升个性化评价的客观性。由于传统的评价主体仅限于管理者、教师、辅导员、班主任等，一定程度上忽略了社会评价的重要性。元宇宙社会评价的主体不仅包括朋辈群体、家庭成员等，也包括元宇宙生活社区中的所有单位或个人，将元宇宙社会评价融入受教育者的个性化教育效果评价，将更有助于形成评价合力，提高评价的精准性和客观性。

（四）元宇宙赋能背景下高校思想政治教育的精细化思维

元宇宙赋能背景下的高校思想政治教育精细化思维指的是在"以学生为中心"这一工作方针的指引下，运用元宇宙的各种分析技术和工具，精细化捕捉、识别到学生的思想、行为等的数据，并将此作为思想政治教育内容供给、效果评价的基本依据，进而提升"教"与"学"的精细化程度。树立基于元宇宙的精细化思想政治教育思维，需要广泛运用元宇宙技术准确掌握求变之所需、应变之所举，既要确保对学生思想行为评估的准确性、有效性，也要确保相应教育内容供给与学生需求匹配的精细化，实现教育主体与教育客体的协同联动、融合共促，搭建起精细化的高校思想政治教育新境界，使高校思想政治教育"供给侧实现结构性优化""教育效能得到充分释放""教育模式取得创新性突破"。数据提取的精准化是思想政治教育精准化的前提，树立数据提取精准化思维的目的在于使教育主体充分认识到精准的数据提取工作对高校思想政治教育的重要意义。学生数据可分为静态数据和动态数据两种类型，静态数据和动态数据是相对而言的，前者是指相对稳定的数据，如学生的家庭基本情况、籍贯、性别、民族等数据；后者是指相对易变的数据，如学习情况、社团活动、志愿服务、荣誉奖励、兴趣爱好等数据。为确保数据提取的精准化，应尽可能地使数据准确反映学生的微观状况。为此，应秉持具体问题具体分析的数据收集原则，根据不同对象的具体情况将数据收集聚焦在一定的时间范围、空间范围、频率范围和层级范围之内，重点提取关键点位的关键数据，最大化提升基础数据的精准性。例如，为保证学生校内消费数据的精准性，就需要有针对性地确保食堂、校内超市等关键点位提供的数据能够精准反映学生的真实消费状况。此外，在网络环境日趋复杂的当下，网络思想政治教育愈发重要，在这种背景下，学生在网络空间中的基本数据应该成为重点掌握的对象。以学生在微信朋友圈、QQ空间、微博、抖音等新媒体场域中的数据为例，这些数据很好地反映了学生的价值观念、情感诉求、日常行为等的基本状况，对了解学生在新媒体场域中的成长状态具有极为重要的意义。因此，对此类数据的收集必须予以重点关注。当然，对学生数据的收集并不是越多越好、越全越好，例如，学生隐私数据的收集就应该遵循适度原则、合理合法原则。

内容庞杂、类型多样是大数据的基本特征，尤其是对原始数据来说，庞杂性和多样性使其在很多时候难以被直接使用。因此，精准收集高校思想政治教育数据要避免走入单纯使用自动采集信息的误区。这是因为思想政治教育对源数据的使用要求较高，相较于原始数据，思想政治教育更偏向于那些体现学生状态的半结构化和非结构化数据。换句话说，思想政治教育更偏向于那些精细化的数据。此外，由于收集上来的初始数据往往处于分散的碎片化状态，需要进行分门别类的精细化处理才能被真正使用。做好数据处理工作需要树立精细化的思维，只有将碎片化的原始数据进行精细化的融合转化以后，才能使其具有结构化的形式，才能被专业的数据平台使用。原始数据的精细化处理是高校思想政治教育精准化的关键环节，树立数据处理精细化思维，对于提高原始数据的利用效率，以及增强数据处理工作的专业性、科学性和可靠性具有十分重要的指导意义和实践价值。推进数据处理的精细化需要坚持标准化思维，即需要从标准化的体制机制、标准化的手段、标准化的主体、标准化的客体等四个方面协同发力。首先，要尽可能地清除数据处理过程中的体制机制障碍，加大不同部门之间的数据共享程度。其次，要着力推进相关的技术标准、技术工具的开发和应用，尤其是明确相关的技术标准，以减少由于标准不统一而带来的技术障碍。再次，也要重视数据平台的建设工作，以此来提升数据间互联互通的便捷性。最后，还要确立数据处理的时效性标准，以避免采集到的关键数据因为时间原因而被作废。

思想政治教育工作中数据应用的精细化旨在通过对结构化的"二次数据"进行"细致入微"的利用，达到精细化管理、精细化教育、精细化服务的思想政治教育目标。树立数据应用的精细化思维，实现高校思想政治教育大数据的精细化利用，需要从以下四个方面着手：一是要利用元宇宙技术帮助学生实现对自我的精细化认知和塑造。元宇宙的数字孪生技术是构建自我认知的重要技术手段，相较于其他传统画像技术，数字孪生技术对自我的画像更为全面和精细，也更能反映真实的自我。大学是学生的思想观念和行为习惯走向成熟的重要场域，基于元宇宙数字孪生的自我分析，有助于学生通过数字孪生体直观认识自我，尤其是有助于学生从更加细致的角度了解自我、发展自我、完善自我，实现对自我的精细化塑造。二是要利用元宇宙技术实现精细化的教育管理。良好的数据支撑是做好管理工作的重要前提，思想政治教育元宇宙的一个显著优势就是可以帮助高校思想政治教育管理工作实现由"经验决策"到"大数据辅助决策"的转变。"大数据辅助决策"建立在大数据收集、大数据分析、大数据预测的基础之上，因而利用大数据将更有助于管理者将管理工作做到细致入微。三是要利用元宇宙实现精准化的风险预测。风险预测作为高校思想政治教育工作的重要方面，对精准性有着特别的需要，利用元宇宙的超前预判功能有助于提前找到风险点，实现"事后处理"到"事前管控"的转变，最终实现降低或者规避风险的目标。四是要利用元宇宙精准打通思想政治教育中的"盲区"和"断点"，补齐思想政治教育中的短板。思想政治教育中的很多工作由于缺乏必要的数据支撑，往往处于"心有余而力不足"的状态，元宇宙数据库的建立和数据技术的使用可以极大地改善这种状况，实现精准补齐短板、精准强化弱项的目标。

（五）元宇宙时代高校思想政治教育思维创新的原则依循

随着元宇宙时代的到来，面对大学生新的教育需求、行为特征和成长规律，现阶段高校思想政治教育过于重视教师"主导地位"而相对忽视学生"主体地位"的问题会愈发明显地暴露出来，这就要求高校思想政治教育必须立足元宇宙的时代特征，将"教师主导"和"学生主体"作为开展高校思想政治教育的一体两翼，培育"满足学生核心需求"的教育思维，以此来激发高校思想政治教育思维创新，释放高校思想政治教育赓续发展的内在动能。在高校思想政治教育活动中，如何认识和把握教育主体与教育客体之间的相互关系，直接影响着高校思想政治教育思维的价值导向和基本方向。从理论层面来看，教育者与受教育者之间是主体间性关系，教育者是主导性的主体，在教育过程中居于主体地位，起到主导作用；而受教育者则是主学性主体，在教育者的主导下发挥主体作用。因此，整个思想政治教育过程实际上存在双主体，二者各司其职，相辅相成。然而从实践层面来看，教育者与受教育者的主体地位并非如理论所反映的那样处于平衡状态，反而是时常处于动态失衡的状态中。大多数情况下，这种天平更多的偏向于教育者一面，教育者是更加主动的，而受教育者则是更加被动的。教师的主导地位和学生的主体地位并不是相互矛盾的，而是辩证统一的，充分尊重教师的主导地位，本质上是为了帮助学生在思想政治教育过程中享受更多的获得感，实质上就是在践行以学生为主体的思维。而充分尊重学生的主体地位，实质上是为了帮助教师更好地开展教学实践，实质上就是在践行以教师为主导的思维。与此同时，无论是高校思想政治教育的教育者还是教育对象，他们是现实的、具体的人，他们都有着自己现实的、具体的发展需求，相互正视对方的发展需求是激发高校思想政治教育内生动力的重要一步。因此，高校思想政治教育必须树立教师主导地位和学生主体地位相统一的创新性思维，一方面持续强化"教师主导"的思维，保证教师的导向性和引领性；另一方面要持续强化"学生主体"思维，提升思想政治教育对学生的吸引力、感染力。

毋庸置疑的是，未来元宇宙技术将成为推动高校思想政治教育创新发展的重要科技因素和影响高校思想政治教育实效性的重要变量，受教育者的思想、行为、认知、心理等都可以被元宇宙精准画像。元宇宙时代高校思想政治教育面临的新情况、新环境，以及受教育者在各方面呈现出来的新特征、新趋势，共同呼吁和推动着高校思想政治教育的思维创新。在元宇宙时代，数据思维已成为分析各种事物或现象的流行思维范式，大数据思维的核心是用科学的数据分析客观、真实地呈现关于对象的画像，进而以画像为依据使对象的需求获得更好的满足，因此"体验至上"是元宇宙时代的核心特征。元宇宙赋能背景下既要注重满足教育服务对象的基础性需求，也要注重满足教育服务对象的体验性需求，这些体验性的需求包括但不限于生理需求、心理需求、情感需求等。元宇宙时代"体验至上"的思维范式启示高校思想政治教育工作者开展高校思想政治教育工作既要充分尊重教育者的主导地位，也要尊重受教育者的主体地位，尤其是要强化受教育者"体验至上"的思维，满足受教育者多元化、个性化的教育需求，通过提升受教育者的综合体验来增强高校思想政治教育的吸引力、感染力、亲和力。作为深受数据思维影响的一代，"95后""00后"在认知、思维、行为等方面呈现出一些鲜明的特质：一是主体意识更为强烈，大数据环境下的海量信息使得他们更喜欢根据自身需求有选择地获取信息，一定程度上呈现出"不唯师，不唯书，只唯己"的需求趋势。二是表达冲动更为强烈。元宇宙更加开放、平台更加多元的特征为个体营造了"人人都是麦克风"的话语环境，在这种环境下，个体随时随地都可以针对各种话题表达自己的观点、看法、诉求，这其中当然也包括与自身切身利益相关的话题。三是自主学习意识更为强烈。基于教育元宇宙丰富的学习资源，当代大学生更希望在学习过程中接触到多样的内容，或者更希望能够以多样的方式开展思想政治教育教学，单一的课堂知识讲授正在失去对他们的吸引力。因此，元宇宙赋能背景下高校思想政治教育应结合受教育者的个性需求，"因事而化、因时而进、因势而新"，强化"围绕学生、关照学生、服务学生"的思想政治教育思维，遵循元宇宙时代的教育规律和成长规律，将"教师主导思维"和"学生主体思维"置于具体的教育情境中，以"服务学生成长发展需求的思维"引领高校思想政治教育创新发展。具体来说，一是要尊重学生主体地位。这就需要包括教师在内的广大高校思想政治教育工作者转变教育思维，从"重教"的思维范式向"重学"的思维范式转变，围绕学生开展教学设计。二是要满足学生发展需求。人的需要是人的行为的原动力，大学生处于人生发展的关键阶段，有着各种各样的思想困惑、成长烦恼和心理压力，也有着对思想引导、心理疏导、成长指导等的现实需要，然而，当前的高校思想政治教育并不能完全满足学生日益增长的精神文化需要。倘若高校思想政治教育需求与供给出现错位，高校思想政治教育的实效性就无从谈起。因此，必须深化高校思想政治教育的供给侧结构性改革，通过更新教育内容、教育模式、教育思维切实满足学生需要，不断增强高校思想政治教育供给的实效性。三是要注重学生成长体验。元宇宙时代丰富的数字资源和海量信息正以前所未有的方式使注意力成为一种稀缺资源，在元宇宙时代，更有价值的不是信息，而是注意力。这种情况下，高校思想政治教育只有变得"更有意义""更有意思""更有营养""更有滋味""更有内涵"才能捕捉到学生的注意力，才能真正打动学生、吸引学生。

五、高校思想政治教育机制论

（一）高校思想政治教育机制的内涵

机制一词初见于自然科学领域，意指事物的运行过程及其原理，后来被引入社会科学领域并得到广泛使用。对任何一种机制来说，一方面要有成熟稳定的制度体系作为保证，另一方面也要有一定的组织或个体对其进行维护。思想政治教育机制是指在长期的思想教育实践过程中形成的成熟稳定的运转方式，它需要长期、有效的规章制度对其予以保障。思想政治教育机制具有如下特点：一是思想政治教育机制的目的性，即建立思想政治教育机制的目的是为了保障思想政治教育能够取得预期的教育效果。二是思想政治教育的动态性，即思想政治教育机制要随着时代的变化不断发展完善。三是思想政治教育机制的科学性，即思想政治教育机制的选择和制定一定要符合教育发展的客观规律。而高校思想政治教育机制则是指在高校思想政治教育实践过程中各部门、各单位基于共同的教学、科研、管理、服务目标，明确分工、各司其职、相互配合而形成的可持续的工作模式。对高校思想政治教育机制或者说高校思想政治教育长效机制来说，思政课是基础，是主渠道，具有其他任何课程无法替代的重要作用；三是全育人目标，即形成全员育人、全过程育人、全方位育人的良好氛围，是高校思想政治教育实效性的重要保障；制度建设是其根本保证，即加强高校思想政治教育工作中的各项制度建设，明确各主体的工作职责，是使高校思想政治教育工作健康发展的根本保证。师资队伍建设是其关键，即培养一支政治素质高、业务能力出众、作风正派的工作队伍，是构建高校思想政治教育长机制的迫切要求。

高校思想政治教育机制是推动高校思想政治教育科学化、规范化、专业化、系统化、现代化的重要制度安排，有其鲜明的价值意蕴和功能定位，通过研究发现，高校思想政治教育机制具有导向功能、控制功能、协调功能和规范功能，认识这些功能有助于更好地提升高校思想政治教育的整体水平。首先，高校思想政治教育机制具有导向功能。高校思想政治教育机制能够成为高校学生主体行为选择的"标尺"，能够为高校学生提供行动指南，特别是能够约束学生行为的随意性，当学生的行为逾越了规章制度所允许的行为空间时，就要受到相关规则的处罚，从而使其行为能够符合社会公德。高校思想政治教育机制的导向功能有助于高校思想政治教育的有章可循，使其始终沿着正确的方向前进。其次，高校思想政治教育具有控制功能。高校思想政治教育作为一种复杂性的实践活动需要长效机制的规范和控制才能取得预期的效果，高校思想政治教育机制一个重要作用就是能够使高校思想政治教育的各项要求在工作中得到切实执行，从而有效防止高校思想政治教育过程中的随意性，实现对高校思想政治教育过程的稳定控制。再次，高校思想政治教育具有协调功能。高校思想政治教育机制通过一系列的制度安排来协调学生之间、师生之间、学生与管理者之间的关系，通过一系列制度安排规范各主体间的各种行为，通过一系列制度安排来协调参与高校思想政治教育实践活动的各主体的利益关系。最后，高校思想政治教育具有规范功能。高校思想政治教育归根到底是做人的工作，尤其是做人的思想工作，正确的思想观念和价值理念的形成离不开一定的制度予以规范和约束，正如制度伦理学强调的，制度本身就蕴含着一定的伦理价值追求和道德理念，制度设计和安排的道德合理性对人们的价值选择和价值取向有着重要的导向作用。

总结和梳理高校思想政治教育机制的组成要素以及各组成要素之间的逻辑关联，是深入理解和有效运用高校思想政治教育机制的基本前提。综合来看，高校思想政治教育机制主要由机制运行的目的、机制运行的方法、机制运行的环境、机制运行的时间和机制运行的主体五部分要素构成。一是高校思想政治教育机制运行的目的要素。高校思想政治教育机制的运行目的可分为宏观目的和微观目的，宏观目的侧重于对高校思想政治教育的宏观设计和长远规划，微观目的则侧重于着眼高校思想政治教育当前阶段的具体目标和操作步骤。高校思想政治教育机制运行的宏观目的和微观目的各有不同，有必要对其分别加以研究。二是高校思想政治教育机制运行的方法要素。高校思想政治教育机制的运行常常会采用一些特定的方法，以最为常用的方法即目标管理法为例，这一方法包括"制定目标和计划""实施程序和手段""质量监控、信息反馈""检查实施结果及奖惩"四个主要步骤。而在"制定目标和计划"这一步骤中，又包含着"制定目标的依据""对目标进行分类""符合SMAR原则""目标沟通一致"等四个主要方面。三是高校思想政治教育机制运行的环境要素。任何一种机制的运行都无法脱离一定的客观环境，影响高校思想政治教育机制运行的环境包括社会环境和内部环境，社会环境包括政治环境、经济环境、社会环境、文化环境等，内部环境则主要包括校园文化环境、教育教学氛围等。四是高校思想政治教育机制运行的时间要素。高校思想政治教育机制运行的时间要素主要指对高校思想政治教育机制的运行过程和目标实现有时间限制，高校思想政治教育机制存在明显的时效性，及时完成既定思想政治教育目标，是高校思想政治教育机制运行的内在要求之一。五是高校思想政治教育机制运行的主客体要素。高校思想政治教育运行的主体要素指教育者，客体要素则是受教育者。主体要素在高校思想政治教育机制运行过程中起教育主导作用，客体要素则在高校思想政治教育机制运行过程中起学习主导作用。

（二）高校思想政治教育机制的类型

1.高校思想政治教育长效机制

伴随着经济全球化背景下西方思想或隐或显的渗透，当代高校思想政治教育所面临的环境愈发的复杂化，尤其是西方享乐主义、拜金主义、个人主义等思潮正在对高校学生的爱国主义意识、集体主义意识、道德素养和理想信念形成强烈冲击，在这样的背景下，高校思想政治教育需要长效机制的保驾护航，才能应对思想政治教育环境的变化。第一，高校思想政治教育机制有助于应对国内环境的变化。当前，随着社会转型中的各种社会矛盾和利益冲突不断显现，部分学生的世界观、人生观、价值观出现偏差，行为方式出现扭曲，心理出现失衡，这些现象对高校思想政治教育提出了很大的挑战。面对这种情况，唯有不断夯实高校思想政治教育的体制机制，才能让高校思想政治教育冲破国内环境变化带来的困境。第二，高校思想政治教育机制有助于应对国际环境的变化。近年来在西方思潮的影响之下，青年学生的拜金热情与日俱增，理想信念却越来越淡薄，尤其是青年学生对待资本主义的态度越来越暧昧，对共产主义理想信念的态度却越来越淡漠。与之类似的种种现象都对高校思想政治教育中的理想信念教育带来巨大挑战，以高校思想政治教育机制为依托加强对大学生的思想政治教育工作，成为当前的一项迫切任务。第三，高校思想政治教育机制有助于应对网络环境的变化。随着时代的发展进步，互联网的出现极大地方便了人们的生产生活，对高校思想政治教育来说，互联网的普及拓宽了高校思想政治教育的渠道，但与此同时，也为高校思想政治教育带来了一系列新挑战。互联网成为散播危险信息的重要渠道，造成网络环境的污浊化，给青年学生的价值观念带来强烈冲击。高校思想政治教育长效机制有助于实时监控互联网环境，防止有害互联网信息的肆意传播，筑牢高校思想政治教育的网络阵地。

在此背景下，高校思想政治教育亟须从内容、方法、制度、载体、理念等层面开展广泛创新，而构建高校思想政治教育的长效机制对高校思想政治教育创新是具有极大促进作用的。这种促进作用主要表现在以下三个方面：一是有助于促进高校思想政治教育的内容创新。构建高校思想政治教育长效机制的一个重要目标就是实现高校思想政治教育的可持续发展，而高校思想政治教育的可持续发展很大程度上取决于高校思想政治教育内容的可持续发展，实现高校思想政治教育内容的可持续发展，就必须不断推进高校思想政治教育内容的推陈出新。高校思想政治教育内容安排要根据时代发展的需要不断做出针对性的调整和优化，增强思想政治教育内容的穿透力及其与高校思想政治教育机制的协同效应。二是有助于促进高校思想政治教育的制度完善。根据高校思想政治教育所面临的新问题、新情况、新挑战积极探索与之相适应的思想政治教育长效机制，长效机制的建立对高校思想政治教育制度的完善有着巨大的促进作用，这是因为建立高校思想政治教育长效机制的过程也是建构具有全局性、根本性、长期性、稳定性的高校思想政治教育的过程，高校思想政治教育长效机制的建立既有利于解决当前问题，也有利于建立一套着眼长远，保证工作持续开展的制度体系。三是有助于推动高校思想政治教育载体的现代化。卓有成效的高校思想政治教育总要依赖一定的教育载体，而构建高校思想政治教育的长效机制，将有助于使一些成功的思想政治教育载体得到巩固，有力推进高校思想政治教育载体的现代化。

当前，高校大学生正或隐或显地受到来自互联网危险信息、泛娱乐主义、西方意识形态思潮以及文化自卑心理的影响和冲击，这种背景下，发挥高校思想政治教育长效机制的防微杜渐功能，将在很大程度上抵消以上诸种不利因素对高校大学生正确人生观、价值观、世界观的蚕食，进而保障高校思想政治教育的实效性。具体来说，一是有助于促进高校思想政治教育方法的多样化。对高校思想政治教育而言，高效且多样的思想政治教育方法是教育者对受教育者施加有效影响的重要手段，对实现高校思想政治教育目标，完成高校思想政治教育任务有着重要的现实意义。构建高校思想政治教育机制的一个重要内容，就是能够使一些卓有成效的思想政治教育方法以机制的形式固定下来，最大化释放这些方法的教育效能。因此，高校思想政治教育长效机制的建立，对增强高校思想政治教育方法的多样性，提升教育的实效性助益甚巨。二是有助于优化高校思想政治教育的师资队伍。高校思想政治教育队伍建设一直以来都是高校思想政治教育工作内容的重中之重，思想政治教育队伍建设工作具有艰巨性和长期性，需要持之以恒的努力，更需要长效化机制提供保障。作为队伍建设重要一环的人才引进工作就需要持续性地落实相关的人才引进政策，提高对人才的吸引力。高校思想政治教育长效机制的建立，将从机制层面保障人才引进以及队伍建设的长效性、持续性，极大促进师资队伍整体素质的提升和师资结构的优化。三是有助于促进高校大学生的全面健康发展。高校思想政治教育在促进高校大学生全面健康发展的过程中至少应该起到以下教育作用：首先要加强人文素质教育，即教育大学生学会追求真、善、美等崇高的价值理念；其次要加强人格教育，即帮助大学生实现人格的健康发展，形成健全的人格；再次要加强心理健康教育，即帮助大学生树立心理健康意识，增强心理素质，提升心理适应力。

2.高校思想政治教育的渗透机制

构建高校思想政治教育合力渗透机制的目标，就是要摒弃依靠单一渠道开展思想政治教育而忽略其他渠道的传统做法，形成高校思想政治教育的新方向和合力机制。在高校思想政治教育的合力渗透渠道中，课堂灌输渠道是高校思想政治教育的主渠道，其目标就在于帮助学生树立正确的世界观、人生观、价值观；校园文化建设渠道是高校开展隐性思想政治教育的主渠道，其目标就在于以润物无声的环境和氛围强化学生对思想政治教育内容的认同；社会实践渠道是理论联系实践的主渠道，其目标就是要帮助学生把课堂上的理论认知转化为社会上的实际行动。为此，一方面要加强课堂灌输方法的创新。高校思想政治教育课堂灌输是指通过灌输的方式让学生掌握先进的思想文化，引领学生用这些先进的思想文化来认识世界、解释问题、明辨是非，尤其是学会用马克思主义理论认识生活、服务社会，承担起实现社会主义现代化的使命。但就目前而言，高校思想政治教育课堂灌输更侧重于课堂上的理论学习，这种理论学习还没有跟校园文化建设和社会实践等联通互动起来，一定程度上限制了课堂灌输育人效果的发挥。为此，需要在课堂灌输方法上与时俱进、有所创新，使课堂灌输产生更好的育人效果。另一方面也要加强对校园文化的建设。校园文化是学校在长期的办学实践中逐步形成的一种独特文化，校园文化往往因为受到全校师生的认同而被遵循，具有鲜明的本校特色。高校校园文化是一代代师生共同传承下来的精神财富，具有强大的凝聚力、感召力和思想政治教育价值。若能够将高校思想政治教育内容融入高校校园文化建设之中，将使校园文化成为独特的思想政治教育内容。另外，也要注重增强社会实践的实效性。社会实践作为高校思想政治教育的重要组成部分，在思想政治教育理论转化为实践的过程中发挥着不可替代的作用，高校思想政治教育应充分重视发挥社会实践作用，引导学生积极投身到社会实践活动之中。与此同时，也要注重提高社会实践本身的实效性。

3.高校思想政治教育的互补机制

高校思想政治教育构建互补机制的目标是要打破道德教育、思想政治教育、心理健康教育、择业教育之间互不联系，相互独立的局面，打通这些教育模块之间的连接链路，形成道德教育、思想政治教育、心理健康教育、择业教育之间相互补充、协同共进的局面。为此，一是要将思想道德建设纳入高校思想政治教育全过程。从教师层面来看，将思想道德建设纳入高校思想政治教育全过程，就是要重视发挥全体教师的榜样示范作用，从为人师表、言传身教和爱岗敬业三个方面挖掘教师的示范作用，用教师高尚的人格和实际行动感化学生。从学生层面来看，将思想道德建设纳入高校思想政治教育全过程，就是营造健康向上的校园文化，就是要为学生建立专门的思想道德课程和专门的心理咨询平台。二是要将心理健康教育纳入高校思想政治教育全过程。心理健康教育始终是高校思想政治教育内容的重要组成部分，它不仅可以强化思想道德教育的效果，还能弥补思想道德教育无法触及的领域，如学生心理世界等。深入细致的心理健康教育要紧密结合学生学习和生活实际，以解决学生的心理困惑或心理问题为目标。为此，一方面要打造思想道德教育与心理健康教育双肩挑的师资队伍，另一方面要不断在方法上求创新，同时还要着力构建专业的心理健康教育平台。三是要将择业观教育纳入高校思想政治教育全过程。高校思想政治教育活动中道德教育、心理健康教育与择业观教育的结合是提高思想政治教育实效性的重要突破口，通过与就业指导相结合，真正做到贴近学生、贴近实际。如此，学生也才更愿意以主动的姿态参与到思想政治教育活动中。

4.高校思想政治教育的联动机制

构建高校思想政治教育联动机制，是指构建高校、家庭、社会立体联动的大教育系统，构建高校思想政治教育立体联动机制的目标在于营造一个全民参与、全民享有的思想政治教育环境，在于发展终身思想政治教育和全面思想政治教育，提升全民族的思想政治素养。构建高校思想政治教育的立体联动机制，需要着重解决好以下四个方面的基本问题：一是要充分认识到高校思想政治教育、家庭思想政治教育和社会思想政治教育三位一体缺一不可。在高校思想政治教育三位一体格局中，高校是主体，是提升大学生思想政治教育素质的最主要场所，它对帮助学生树立正确的人生观、价值观、世界观具有不可替代的作用。家庭是基础，是长期的和持久的，是对高校思想政治教育的重要补充。社会是延伸，社会思想政治教育是社会文化机构、社会团体或组织等对社会成员进行的思想政治教育。高校思想政治教育、家庭思想政治教育和社会思想政治教育之间相互联系、相互协作、相互促进，三者缺一不可。二是要加强高校思想政治教育、家庭思想政治教育和社会思想政治教育三位一体中的薄弱环节。例如，在高校思想政治教育过程中存在重理论灌输而轻社会实践的问题，在家庭思想政治教育过程中存在重学业教育而轻综合素质全面发展的问题，在社会思想政治教育过程中存在思想政治教育与复杂的社会环境不相适应的问题。有效实现高校思想政治教育、家庭思想政治教育和社会思想政治教育三位一体的立体联动，需要着力补足各自存在的短板和薄弱环节，以充分发挥三者的合力。三是要实现高校思想政治教育、家庭思想政治教育和社会思想政治教育三位一体的协调联动。高校思想政治教育、家庭思想政治教育和社会思想政治教育都是思想政治教育的重要组成部分，缺一不可。在实践中，三者之间既要分工明确、各司其职，也要互为补充、相互配合，更好地发挥整体思想政治教育的效果。四是要强化组织协同。思想政治教育协同育人格局的形成需要多部门参与、多角度介入、全方位展开。高校党委要落实主体责任，着力推进整体规划和系统设计，形成齐抓共管、各负其责的工作格局和完整、全面的管理链条，确保高校思想政治工作系统内的各要素在开展思想政治工作的过程中始终能够形成育人合力。为此，要建立起不同部门协同议事的组织框架，搭建融教育、管理、服务于一体的信息平台，加强跨部门协作。重点应放在教务与学工战线协同，日常行为管理与思政主渠道协同，学校教育与家庭、社会教育协同等方面，加强校内各部门之间、校内校外之间思想政治教育资源的协作与互助。

（三）元宇宙时代高校思想政治教育机制的创新

1.构建高校思想政治教育元宇宙管理机制

理论上来讲，一切能够获取的与人有关的数据都可以成为高校思想政治教育的资源。但从实践上来看，虽然每人每天都产生着大量的数据，但真正能够为高校思想政治教育利用的数据并不多。因此，高校思想政治教育要能够将元宇宙时空中的数据转化为教育资源，就必须加快构建具有思想政治工作特色的元宇宙管理系统。一是要"强内功"，建立高校思想政治教育元宇宙数据管理系统。在特定条件下，根据全过程、全方位育人的目标要求，对思想政治工作不同部门、岗位、环节等进行元宇宙化改造，使高校思想政治教育的部分数据采集工作能够在元宇宙环境下进行。这就要有专门的机构和人员来负责元宇宙系统的设计、建设和管理，包括数据获取利用的范围与标准、平台管理运行的程序与制度等。二是要"借外力"，畅通高校思想政治教育工作利用外部元宇宙数据资源的渠道。这就要在政府的主导下系统构建学校获取外部元宇宙数据的有效机制，如通过将所有类型的元宇宙数据纳入国家教育信息化建设体系，以公民成长成才为中心目标构建元宇宙学校教育、元宇宙家庭教育和元宇宙社会教育之间的协同机制。三是要"打组合拳"，构建高校思想政治教育元宇宙与现实生产生活的融通机制。对高校思想政治教育来说，数据本身并不是万能的，关键在于如何打好数据利用的"组合拳"，既要打好传统高校思想政治教育和元宇宙高校思想政治教育相互融合的"组合拳"，注重以思想政治工作的传统优势来引领元宇宙应用和化解元宇宙应用带来的各种风险，又要打好元宇宙与其他现代新兴信息技术融合创新的"组合拳"，注重以网络技术为基础，以人工智能技术、区块链技术等为助力，形成以数据充分获取和利用为重心的技术创新机制。

2.构建高校思想政治教育元宇宙预警机制

高校思想政治教育元宇宙预警机制具体包括元宇宙舆论预警机制、元宇宙思想预警机制、元宇宙行为预警机制和可视化元宇宙数据库等。元宇宙空间各类社会思潮复杂交融，因其传播的即时性、迅速性使得元宇宙空间存在难以把控的风险，给教育和管理带来很大难度。有效整合元宇宙空间中的数据资源能够提炼教育对象思想和行为规律，发挥出元宇宙舆论预警、思想预警和行为预警的功能，从而有效防止元宇宙成为"法外之地"。高校思想政治教育元宇宙预警机制的建立，最重要的环节是建立高质量的可视化数据库。可视化数据库是一个内容丰富、形式多样的数据源。首先，要确保数据质量，数据要能够全方位覆盖教育对象，数据的归类要条理清晰，要能够适应现实需要并且能够便利地提取。其次，要做好数据挖掘，关注重点对象、重点领域和重要节点，掌握数据背后的规律。再次，要做好数据演绎，以生动、可视化的方式提升思想政治教育的鲜活感。此外还要密切关注大学生网络动态，加强对校园舆论数据的整体把控，避免元宇宙空间圈层化、群体情绪极化带来的风险。

3.构建高校思想政治教育元宇宙信息获取机制

这里的信息获取主要指对信息资源的有效收集和利用，实现更加顺畅的信息传递和交流，以及信息的科学化、逻辑化综合利用。传统的高校思想政治教育信息获取还存在一定壁垒，比如线上和线下成果和资源无法顺畅衔接和有效互动共享，无法发挥育人合力。高校可以借助元宇宙庞大的信息流，通过数据信息的及时收集和准确提取，掌握和了解学生学习的信息，提升育人实效。如新冠肺炎疫情期间网络思想政治教育的开展，很多高校都是通过线上平台进行授课，但是很难把握学生学习的实际状况。而利用元宇宙技术却可以轻松收集到学生登录平台、在线时长、参与互动、测试成绩等的信息，并且能够非常精准地获知每个学生的学习状况。任课教师和辅导员接收到这些数据反馈之后，分析学生学习的规律，及时提醒学生调整学习安排，实现线上和线下信息互动的良性循环。

4.构建高校思想政治教育元宇宙评估反馈机制

元宇宙时代高校思想政治教育效果评估项目包括元宇宙思想政治教育传播情况、受教育者在接受元宇宙思想政治教育过程中的认知、态度和行为等方面的变化情况、元宇宙思想政治教育工作者和工作对象之间基于元宇宙平台在道德规范、素质教育、爱国主义和理想信念等方面相互作用的实际效果等。高校通过发挥元宇宙的评估反馈功能，能够及时验证元宇宙思想政治教育的实效性，具体可以通过三位一体的元宇宙采集平台、分析平台和反馈平台来实现。首先要通过校内外主要的元宇宙采集平台为高校思想政治教育的内容传递、交流互动、学生点评等建立信息采集数据库；其次要通过元宇宙分析平台对采集到的数据进行系统筛选、分类、整合和对比分析，掌握网络思想政治教育传递效果、教育对象的思想行为变化等情况；最后要通过元宇宙反馈平台形成反馈报告，以之为依据及时进行教学方式方法的动态调整，确保元宇宙思想政治教育发挥最佳育人效果。

5.构建高校思想政治教育元宇宙人才培育机制

高校教育工作者人人都有育人职责，既要做"经师"，也要做"人师"，既要精于"授业""解惑"，更要做到"传道""示范"。要着力建设一支全员参与、结构合理、专兼结合、功能互补的思想政治教育队伍，重点加强元宇宙教育人才队伍建设，培养应用元宇宙技术发现和解决问题的人才储备。要激发高校思想政治教育工作队伍的内生动力，解决好高校元宇宙工作者的职级晋升、职称评定、待遇保障和工作经费等问题。元宇宙技术实际功能的发挥离不开人的因素，元宇宙技术如果离开了人，那它就仅仅是一种无意义的技术。

6.构建高校思想政治教育元宇宙素养提升机制

提升高校思想政治教育工作者的元宇宙素养，需走到制度化轨道上来，通过制度手段规范高校思想政治教育元宇宙教育教学行为，促进高校思想政治教育工作者元宇宙素养的全面提升。一是要从国家层面完善元宇宙相关立法。法律建设是避免数据伦理问题产生的根本，也是规范高校思想政治教育工作者在元宇宙空间中的行为、促进其伦理素质提升的基础。在信息高速流动与共享的元宇宙时代，数据安全面临威胁，必须从法律和制度上对高校思想政治教育工作者在教育元宇宙空间中的权限进行规范，从而规避数据滥用可能导致的伦理风险。国家需要在宏观层面制定发展战略来解决元宇宙数据安全顶层设计缺失的问题，在微观层面尽快由立法单位完善信息保护法，明确界定高校思想政治教育工作者运用元宇宙的权限。二是要在高校层面健全元宇宙安全预警机制。高校需要完善元宇宙管理制度，制定严格、科学的数据收集、数据分析、数据应用的工作规划与管理流程，使高校思想政治教育工作者明确自身权限范围，防止学生信息的泄露，从源头上避免数据伦理问题的产生，让元宇宙数据合理合法地被应用到思想政治工作中。三是要在高校建立具体的元宇宙素养考核与评价制度。一方面，进行定期培训与考核，考核成绩与工作考评、奖励相挂钩，以此提高高校思想政治教育工作者学习元宇宙知识和技能的积极性。另一方面，要结合元宇宙知识体系与能力要求，建立高校思想政治工作者元宇宙素养评价标准，对他们的数据思维、工作方法、能力素质等进行科学评价，通过评价反馈推动高校思想政治教育工作者树立元宇宙数据安全意识、掌握元宇宙应用知识、提升元宇宙应用技能。四是要在高校开展元宇宙应用专业化培训。提升高校思想政治教育工作者的元宇宙素养，需要高度重视对高校思想政治教育工作者运用现代信息技术能力的培养，既要使其做到"要用"，又要使其做到"会用"。高校应当通过开展全面、系统、专业的培训，并将其与高校思想政治教育工作者的自我提升相结合，不断促进其专业化、职业化发展。首先，要加强对高校思想政治工作者的元宇宙理论培训。在高校思想政治工作培训体系中进一步突出提升元宇宙素养的培训层级，将元宇宙知识体系与基础理论有效融入培训内容中，并通过开展现场教学、辅导报告、专题讲座等多种方式，定期进行既符合元宇宙技术框架，又能被广大思想政治工作者理解接受的专业培训，以帮助他们树立元宇宙思维和数据安全意识，不断强化元宇宙资源在教学中的应用。其次，要加强高校思想政治教育工作者元宇宙应用实践培训。高校要充分发挥现有的元宇宙实践成果优势，通过定期组织思想政治教育工作者到元宇宙相关企业实践观摩，增强他们对元宇宙应用的实践感知。定期组织高校思想政治教育工作者参加校园内部和各高校之间的元宇宙研发项目，加强彼此间的学习与经验交流，以达到元宇宙素养提升的目的。再次，要对不同类别的高校思想政治教育工作者开展针对性培训。提升高校思想政治教育工作者的元宇宙素养需要根据高校思想政治教育工作者的不同层次、不同需求灵活开辟培训渠道，开设不同的培训内容。

第二节　元宇宙赋能高校思想政治教育创新实践的相关理论借鉴

一、沉浸理论

沉浸理论（也称为心流理论），于20世纪70年代由作为美国心理学家的米哈里·契克森米哈赖（Mihalyi Csiksczentmihalyi）提出，而后成为心理学领域的专业名词。沉浸（心流）描述的是人全身心地投入某种活动，注意力高度集中于活动之中，完全过滤掉所有不相关的感觉和环境因素造成的干扰，从而达到的一种极致愉悦的心理状态，这种心理状态就是沉浸（心流）。在米哈里看来，沉浸机制（心流机制）实际上由心理状态的动态平衡产生，这种平衡存在于主体技能与活动挑战之间，由于主体的技能水平有高低之分，因此活动挑战也具有高低水平之分。例如，在自由开放的学习活动中，当学习者自身的技能水平与学习活动的挑战性相当时，学习者便会产生积极的心理状态，即沉浸的状态，而正是这种沉浸的状态才有效提升了学习的效果。可见，沉浸理论（心流理论）揭示的是人高效投入学习过程的特殊心理状态或心理活动模式，这种理论能够为在线教育中学习活动的设计、学习任务的安排以及探究项目的策划等提供理论指导，进而提升在线教育活动中参与者的参与感和获得感。当下的在线教育实际上只是利用互联网平台的投射功能将线下课堂搬到了线上进行，平台的作用更多地表现为进行教学资源的投屏或播放，功能的重心并不在教学内容本身，也不能为师生提供强交互服务或为学生提供沉浸体验。因此，在沉浸理论（心流理论）的视角下，相较于传统线下课堂能够提供实时交互感和在场感，在线教育是存在明显短板或缺陷的。沉浸理论（心流理论）所描述的学习者沉浸式参与教学活动的状态与教育元宇宙模式和场景存有着天然的契合关系，拥有超高水平的沉浸体验和交互感是元宇宙情境的基本特征，这对在线教育方法的创新、交互模式的优化、教学反馈的完善和评价方式的丰富都有很高的应用价值，因此，将沉浸理论（心流理论）引入思想政治教育元宇宙的探索和研究中，具有很强的现实意义。思想政治教育元宇宙"境身合一"的状态来源于各种先进沉浸设备的支持，VR技术就是这些沉浸设备中的一种，VR技术能够制造仿真化的虚拟世界，能够营造出多种感官氛围，是沉浸式教育环境的重要技术支撑。在VR技术营造的虚拟教学环境中，学生甚至可以扮演任何角色，体验角色本身的特质，从而提升学习中认知建构的效果。

二、具身认知理论

梅洛·庞蒂的具身认知理论认为，"主体与世界是不可分离的，与之分离的不过是一个作为主体自身投射的世界"[①]。在梅洛·庞蒂看来，身体不光只是作为一种物体而存在，它也是一种自然主体，处于特定时空和环境之中并与世界相共存、相联系。因此，个体的心理状态密切联系着个体的生理体验，个体认知的形成和发展密切联系着个体身体的形态结构、神经系统、感觉运动系统和经历体验，并且还受到个体大脑、身体与环境之间交互关系的影响。瓦雷

---

① ［法］梅洛·庞蒂：《知觉现象学》，姜志辉译，商务印书馆，2001年，第257页。

拉等人继承和发展了梅洛·庞蒂的具身认知理论，在《具身心智：认知科学和人类经验》一书中，瓦雷拉对具身认知进行了更为系统的阐释，强调感知与运动过程、知觉与行为本质上与认知不可分离，[①]认为具身性不仅"包括身体作为活生生的、经验的结构，也包含身体作为认知机制的环境或语境"[②]。在瓦雷拉看来，经验的种类正是个体的认知依赖的，而个体感知运动的身体是处在一个广泛的生物、心理和文化情境中的，因此个体的身体才是这些经验的直接源泉。具身认知理论是对传统身心二元论的批判，从古希腊到17世纪，从柏拉图到笛卡尔，历史上的很多哲学家都主张身心分离论，即身心二元论，"我思故我在"是具有代表性的身心二元论观点。在身心二元论者看来，人的精神的实在性是高于肉体的实在性的，认为人类通往真理的或知识的通道不是身体，而是心灵，身体是处于下位的。后来，随着人类认知和科学技术的不断进化，身心二元论的观点开始被重新审思，从尼采到弗洛伊德再到福柯，众多的哲学家都对身体在认知中的作用进行了重新的探索和研究，从而为具身认知理论奠定了良好的哲学基础。在这样的背景下，洛克、卢梭、夸美纽斯等人开始关注身体在认知中的价值，德国哲学家狄尔泰提出"体验哲学"的概念，[③]即经验的产生是亲身经历体验之后的结果，而这种经验又会返回人自身，进而与主体的生命发生关联作用，产生人生的意义与价值。据此，狄尔泰将人的体验依次划分为身体体验（感知的）、审美体验（精神的）、反思体验（理解的、生命

---

① ［智］F．瓦雷拉，［加］E．汤普森，[美]E．罗施：《具身心智：认知科学和人类经验》，李恒威，李恒熙，王球译，浙江大学出版社，2010年，第139页。

② ［智］F．瓦雷拉，［加］E．汤普森，[美]E．罗施：《具身心智：认知科学和人类经验》，李恒威，李恒熙，王球译，浙江大学出版社，2010年，第17页。

③ 刁益虎：《教育经验的困境及其突破——狄尔泰体验哲学的视角》，《当代教育学》，2018年，第11期，第7—10页。

的）三个层次。[①]强调身体参与认知的过程以及身体与环境的交互是具身认知理论的核心内容，因此具身认知的建构需要充分营造置身场景、身体感知和动态交互，当前的在线教育因为离身认知的不稳定性很大程度上限制了教育实效性的发挥，因此在线教育深知具身认知对教育本身的重要意义。传统的在线教育虽然很少受到时间和地域等因素的影响，甚至具备一定的灵活性和适应性，但这种优势本质上仅仅只是教师授课场所和学生学习场所转移到了线上，教学的方式和内容与线下课堂一样都是教师讲授为主，辅之以声音、视频等多媒体手段，参与者获得身体感官的机会往往是很有限的，因而无法有效促进参与者具身认知的形成。元宇宙赋能高校思想政治教育，能够让教育主客体以具身参与的方式置身于广阔的社会文化场景之中，更好促进主客体认知的建构。思想政治教育元宇宙非常注重参与者的亲身经历和行动体验，因而也非常注重能够为参与者营造这种经历和体验的场景创设。在思想政治教育元宇宙中，既可以映射真实的物理世界来创造元宇宙认知场景，也可以通过虚拟技术模拟现实世界，创造出真实世界无法实现的元宇宙认知场景。元宇宙技术融入高校思想政治教育场域，能够使参与者在数字孪生技术、增强现实技术、虚拟现实技术等的加持下体验到具身性强、多重刺激、观感极强的认知场景，并且能够使学习场景做到客观真实、使课堂互动做到深入有效、使实验或实践情境做到具象可感。在现实社会与虚拟空间之间建立共生共通的关系，让参与者在近乎真实的社会文化时空中进行学习或从事教学，同时也可在可穿戴设备等的支持下实现"实境操作"，这些都能够充分调动起参与者的身体感觉系统，激发他们产生丰富的生理和心理反应，促进高水平认知建构和动态交互。

[①]　李红宇:《狄尔泰的体验概念》,《史学理论研究》,2001年，第1期，第88—89页。

三、情境认知理论

情境认知理论又被称为情境学习理论（Situated Learning），是由布朗等人在《情境认知与学习的文化》一文中提出的。在这篇文章中，布朗从教育心理学的视角出发，对情境认知理论做了阐释，认为人的认知并不仅限于符号化、抽象化的形式，而是始终处在一定的社会情境之中，在人、情境和物理环境三者之间的相互作用中得以形成和建构，随着人所处的社会文化情境发生转变，人的认知也会发生变化。学习实践在情境认知理论中是相当重要的，在情境认知理论看来，认知的获得与对不同需求的实践的理解与参与密不可分。情境认知理论对深刻理解情境的认知意涵具有重要现实意义，作为情境，它不仅建构了一种认知的路径，也营造了一种情感的体验，且二者能够相互促进，互为生发。在二者的相关作用关系中，情感的介入使认知变得深刻，认知的交织则使情感变得丰富。因此，情境认知理论主张通过巧设情境来激发学习参与者的情绪，通过情绪触发情感，从而建立与认知之间的联通关系。情境认知理论认为要想促进参与者学习效果的提升就需要在符号、参与者所处的世界以及参与者之间建立起有效的联系，参与者除了运用文本符号认知生活世界之外，还可通过创设一定的情境来理解文本符号之外更深层的意义世界，建立起新的认知图式。因此，为参与者建构出丰富而多彩的认知情境，让他们可以通过观、闻、听、摸、赏等多种方式进入情境，是促进参与者产生认知欲望的先决条件。而元宇宙恰是可以为参与者创造出这样一种认知情境，元宇宙认知情境能够帮助参与者获得将课堂知识运用于实际生活的能力，元宇宙认知情境还能够设置特定问题情境，在拟真化、自然化的交互情境下，锻炼参与者发现问题和解决问题的能力。人们所畅想的"以图画再现情境""以表演体会情境""以音乐渲染情境""以生活展现情境""以语言描绘情境""以实物演示情境"的情境学习模式，将能够在元宇宙的技术支持下轻松实现，这对帮助参与者营造轻松愉悦的认知和审美体验无疑是大有裨益的。元宇宙情境还能够联结参与者的情感，元宇宙认知环境中丰富多样的情境模式激发了参与者的奇思妙想，帮助他们获得无与伦比的奇妙情感体验，这非常类似于许多游戏环节或活动中对情境的创设，而区别就在于元宇宙中的情境创设可以在近似真实的环境中进行。这得益于元宇宙中交互技术、虚拟现实技术等的赋能降低了情境创设的难度和门槛，使情境的创设既可以在真实的物理环境中实现，也可以在数字化的虚拟环境实现，并且能够同时保持强烈的在场感，这就是高校思想政治教育元宇宙的情境赋能。

第六章 多管齐下：元宇宙赋能高校思想政治教育创新实践的未来构想

第一节　构建元宇宙赋能
高校思想政治教育创新实践的场域生态

一、构建元宇宙赋能高校思想政治教育创新实践的虚实融生场域

高校思想政治教育的虚实融生场域是以脑机接口、数字孪生、可穿戴设备、物联网等技术为依托创建的教育元宇宙子场域，它以自由创作的文化氛围、超丰富的社交情境、高保真的环境呈现和深度沉浸的场景设置为高校思想政治教育提供全面支持。在相关设备的支持下，学生能够进入高校思想政治教育元宇宙空间，将课前、课中、课后的教与学系统融合为一个有机体并实现可持续发展。高校思想政治教育虚实融生的学习环境具体需要通过以下几个步骤来实现：

第一步，利用应用程序构建屏幕端的"开放世界"，开拓立体化的高校思想政治教育叙事场域，通过这种叙事场域突破平面化高校思想政治教育叙事结构的限制，创造出拟真化、立体化的叙事空间。以虚拟空间居民身份进入这一空间中的学生利用平台提供的自主编辑和实时共享功能，将自己从文本的接受者转变为内容的生产者，通过"分身在场"的形式在一系列身临其境的具身感知中获得"游玩"般的实践体验。此种类型的教育元宇宙已经在许多国外院校

的思想文化教育实践中得到初步应用，例如美国东卡罗来纳州立大学建立的第二人生类型的社会工作室，将美国大屠杀纪念馆搬进了三维虚拟世界中，有效提升了整个教育过程的交互性。又如奥克兰理工大学利用虚拟文化环境与现实文化环境之间存在的差异性，识别学生的文化身份信念，进而激发学生的多元文化意识。但是不管在移动端抑或是桌面端，此种形式仍然只是基于拟人化的"第三人称"的视角，屏幕带来的分离感妨碍了学生与虚拟化身之间的共情联系，无论是体验的沉浸感抑或是拟真度，都需要持续优化。因此，基于屏幕端的开放世界式元宇宙应用程序仅仅只打开了一扇窥探元宇宙世界的窗口，是建构高校思想政治教育元宇宙的最初级步骤。

第二步，以元宇宙的扩展现实、数字孪生等功能为依托营造沉浸式体验，打造具身性的高校思想政治教育模态。在数字沉浸技术得到广泛应用的背景下，可以利用虚拟现实、混合现实、增强现实、扩展现实等技术分别以自身特有的方式展现不同场景中的虚实融合样态，将技术的拟真特性以及技术对人类感知空间的扩展发挥到当前技术条件下的极致，呈现前所未有的数字化思想政治教育样态。为此，一方面，要充分利用可穿戴设备等提供的技术赋能，突破桌面应用等屏幕端的离身性掣肘，"使其由第三人称的对象化表征转向第一人称的主体化表征"[1]，为创设沉浸式的高校思想政治教育场域打下硬件基础。在这种基于元宇宙建立的高校思想政治教育沉浸式场域中，高校思想政治理论课课堂将能够拥有丰富多样的思想文化教育实践场景，使学生能够沉浸式、具身式地进入主流价值观教育的实践场景之中，从而最大限度规避非主流意识形态因素的干扰，使学生在潜移默化中完成人生观、价值观、世界观的建构。另一方面，要利用元宇宙的数字孪生技术在现实世界与虚拟世界之间建立起映射

---

[1]　温旭：《VR技术赋能高校思想政治教育的价值与应用》，《思想理论教育》，2021年，第11期。

关系，运用数字孪生体带来的人机融合优势弥补平面化叙事身体缺场的不足，用三维虚拟化身带来的沉浸式认知延伸真实身体的感知范围，以构筑"身"基础的方式重塑高校思想政治教育的具身性场域。高校思想政治教育的具身性场域并非只是为了"回到肉身"，而是要借助感觉反馈、追踪识别、数字画像、知觉沉浸等先进技术，在数字孪生体的加持下实现感官投射的多维化，将身体投射到数字化的高校思想政治场域中，在身体的"复归"中消弭掉教学主客体与教学文本之间的距离，具身沉浸带来的直观化体验使高校思想政治教育主客体获得了前所未有的真实感和在场感，更容易激发起主客体的情感共鸣，也更容易促进价值共识和思想认同的生成，而现实世界与虚拟世界愈发模糊的边界感则意味着高校思想政治教育元宇宙的入口逐渐敞开。

第三步，在脑机接口技术的支持下，人与虚拟世界的融合共生成为现实，高校思想政治教育获得全新场域。脑机接口技术在人机交互层面带来的颠覆性变革使大脑信号的传输不再仅仅依赖感官刺激来获得，由于数字信息编码被感官化，数字信息编码也可以被大脑接收。此时，高校思想政治教育元宇宙感知方式将高度统一于现实世界中的感知方式，虚拟世界中的人如同"庄周梦蝶"一般在数字孪生体上获得"身体"感知，真实与虚幻之间的认知壁垒彻底被"身"与"心"的融合打破。基于元宇宙的高校思想政治教育虚实融生场域，将人机关系全感官化和直接交互化，在映射或模拟现实场景让主客体获得逼真场景体验的同时，也要将思维或意识动态化、具象化，让"所思即所见"成为高校思想政治教育的新模态，营造出充满想象力的高校思想政治教育新空间。高校思想政治教育的主客体要在深层次的感知交互中完成对认知的加工，将元宇宙营造的认知过程转化为情感体验和思想感悟。因此，创设虚实融生的高校思想政治教育场域不单单是引入先进的元宇宙工具和技术，还需要跳出传统课堂的思维定式，打开无限的高校思想政治教育想象空间，用多维感官投射带来的认知体验激活高校思想政治教育的全新方式，深层次改变高校思想政治教育的在场形式和表现样态。

二、构建元宇宙赋能高校思想政治教育创新实践的智慧学习场域

构建基于元宇宙的高校思想政治教育智慧学习场域的目的就在于为高校思想政治教育营造立体、实时、多维的交互空间，作为一种具有颠覆性特质的虚拟空间，人们对传统环境和空间结构的认知都有可能被元宇宙空间重塑。从技术本身的效能来看，元宇宙+高校思想政治教育创造出的是一种智慧化的学习场域，这种智慧化场域得益于元宇宙对立体、实时、多维的交互空间的营造，使教学活动能够摆脱来自时间、空间等因素的掣肘，师生可以在更接近真实的教学情境中开展深层次的认知建构活动，进而获取超逼真的感官体验。例如，在国家乡村振兴战略的讲解中，可通过元宇宙技术实时映射乡村真实场景，让学生不受时间和空间限制地感受乡村的自然风貌、风土人文、发展状况、条件禀赋等现实情况。

构建基于元宇宙的高校思想政治教育智慧学习场域，一是要拓展高校思想政治教育的智慧交互场域。在高校思想政治教育教学全过程中融入元宇宙的智能技术，从交互形式层面丰富教学内容，将情感因素等适时渗透进信息交互过程，打造真正意义上的人机协同。通过"元宇宙+高校思想政治教育"重新建构教育主客体与学习机器之间的关系，形成教学、学生、学习机器等多元混合交互新模态，并在多元主体间建立融合与合作机制，拓展智能化的人机双向互反馈应用场域。二是要拓展高校思想政治教育的智慧学习场域。利用元宇宙技术形成校内学习与社会学习相补充、课堂学习与课后学习相协同、线上学习与线下学习相融合的智慧学习场域，帮助学生获得现实环境中无法触及的学习体验。此外，智慧化的高校思想政治教育学习场域还能够使"第二课堂"的边界得到有效拓展，使得课堂教学之外的诸多正式或非正式学习变得触手可及，使学生的个性化需求得到极大满足。

第二节　构建元宇宙赋能
高校思想政治教育创新实践的学习生态

一、构建基于元宇宙的高校思想政治教育大规模超域协同学习体系

高校思想政治教育大规模超域协同学习通过提供基于复杂社会环境的、混合多种学科要素的、基于现实需要的数字化学习资源来重塑高校思想政治教育的学习形态，并实时根据学习者的学习需要将其拉入相应的元宇宙学习场景，元宇宙学习场景从多维感官需要出发给予学习者多重刺激，充分满足学习者全身心投入学习的实际需要，处于大规模超域协同学习场景中的学习活动，本质上是一种动态变化中的、有意识的知识交互活动。构建基于元宇宙的高校思想政治教育大规模超域协同学习体系可通过以下设计框架逐次递进。

一是利用UGC学习资源引导学习活动设计。元宇宙世界的根本驱动力源自用户创造，而UGC即为用户创造的内容，因此UGC也被认为是打造高校思想政治教育学习元宇宙的有效途径。高校思想政治教育主客体在学习机器人的帮助下，共同参与元宇宙教学内容的创作，这是元宇宙教学活动的一个亮点，贯穿元宇宙教学互动的始终。高校思想政治教育元宇宙建构过程中的一个鲜明特点

就在于通过不断创建数字孪生体的形式将现实物品"搬进"元宇宙世界，从而打造一个与现实教育世界相平行的元宇宙教育世界，而这一过程中的创建主体既可以是教师，亦可以是学生。构建高校思想政治教育大规模超域协同学习体系的出发点，是从高校思想政治教育元宇宙中大量的学习资源出发开展教学活动设计，在这一过程中，学生在对现实问题进行初步了解的同时产生了寻求答案的需要，教师在帮助学生寻找答案的过程中实时关注学生在舒适学习环境中的学习进展，从而为后续教学活动的设计打下基础。

二是利用虚拟与现实之间的自主切换促进高校思想政治教育深度学习的实现。不过值得注意的是，高校思想政治教育大规模超域学习活动可能面对的一个难题就是如何整体感知源自复杂现实情境中的学习问题。在高校思想政治教育学习元宇宙中，虚拟与现实的融合共生，全域通信技术与学习资源的深入结合，让基于多种场景的探索性学习在一定程度上成为了现实。通过高校思想政治教育学习元宇宙，学生可以在虚拟场景与现实场景之间来回切换，处于不同时空中的学习资源也可随学习者一起融入同一时空环境之中，特别是在数字孪生和全域物联网等技术的加持之下，学习场景更可实现无限扩展和无限重组。与此同时，任何抽象知识都可通过先进的沉浸技术得到具象化呈现，使得抽象知识在学习者面前变得"真实可触"，从而营造出连续性的学习过程，帮助学习者获得真正意义上的心流体验。

三是利用立体化的大规模超域协同交互为高校思想政治教育搭建学习网络。在元宇宙技术的加持下，大规模超域协同交互能够为高校思想政治教育提供功能多样的学习场景，使专业不同、层次不同、所处地域不同、所在时间不同的学习者都可以加入知识的创造和分享过程之中。例如，通过大规模开放共建的方式创造的课程形式让学习活动不只是发生在某种单一场景中，而是可以发生在多重技术加持下的现实环境与虚拟环境无缝融合的复杂学习空间之中。普遍适用且开放共享的元宇宙学习资源，大大方便了学生开展共建共享的协同学习，这种发展性、变革性的学习方式为学生的交互、学习资源的共享和知识符号的创造搭建了一个充满意义的社会认知网络，在这种认知网络之中，知识变得流动起来，整个群体可以共享思维和智慧。

四是利用智能运算技术加强高校思想政治教育的学习分析与跟踪评价。对多模态的数据进行及时的分析和评价，是大规模超越协同学习全过程中非常重要的一环。高校思想政治教育元宇宙个性化学习服务的一个重要优势，就是可以提供精准反映学习情况的学习者模型，对从多感官通道中获得的数据资源进行实时分析，进而追踪学生知识建构的全过程并反馈实时状况，是构建学习者模型的必然要求。高校思想政治教育元宇宙的智能分析系统能够为学生提供可调节、可协作、可共享的学习服务，从而进一步支持教学管理者的评估、预测和学习优化工作，支持教学管理者借助实时的数据分析来追踪评价学生的认知能力发展，促进高校思想政治教育评价机制的改革创新。高校思想政治教育大规模超域协同学习过程中的学习分析，让整个学习过程中产生的数据发挥出了真正的价值，它通过跨学科的视角、高水平的方式，助推用思想政治教育大数据来重塑高校思想政治教育体系。

二、构建基于元宇宙的高校思想政治教育虚拟学习社区

创设高校思想政治教育虚拟学习社区的价值就在于为具有共同学习旨趣或怀揣共同学习目的的学习者创造组成学习社团的条件，利用团队成员间相互促进的特性激发虚拟学习环境的赋能价值。基于元宇宙构建高校思想政治教育虚拟学习社区，需要着重从沉浸式环境的建构、沉浸式资源的共享和沉浸式交互的营造发力，在虚拟学习社区中建构出超级真实的学习场景，进而创构出可实现实时共享的交互空间，在虚拟学习社区中实现"境身合一"的沉浸式学习体验，从而推动虚拟学习社区实现变革性进步。高校思想政治教育元宇宙与虚拟学习社区的有效融合，能够为高校思想政治教育带来超越现实条件限制的学习

场景，为高校思想政治教育沉浸式学习环境的打造、学习者"心流"体验的营造、学习状态的保持提供巨大助力。从思想政治教育沉浸式环境的角度来看，元宇宙技术赋能高校思想政治教育虚拟学习社区，能够使虚拟学习社区达到虚实共生的境界，并实现心流体验的"境身合一"。师生将能够身处高校思想政治教育元宇宙创造的全景式学习场域之中，以深度沉浸的方式加入协作学习的过程当中，获得深度认知和深度体验。从高校思想政治教育沉浸式资源的角度来看，元宇宙技术赋能高校思想政治教育虚拟学习社区，对高校思想政治教育学习资源的设计、编排等工作都具有重要应用价值，元宇宙技术的应用将使学习资源发挥出更强大的沉浸效应。高校思想政治教育在元宇宙技术的加持之下可重构虚拟社区学习资源的内容结构，突破仅仅依靠单一视听感官体验的局限，在视觉、触觉、听觉、嗅觉等多模态感官体验的基础上开展学习资源设计，从而极大地增强高校思想政治教育学习资源的沉浸效应。从思想政治教育沉浸式交互的角度来看，元宇宙技术赋能高校思想政治教育虚拟学习社区，对教育主客体之间交互质量的改善、师生之间关系的重塑等都具有重要的价值。虚拟学习社区中教师和学生的交流将变得更为实时化，学习场景的设置也将变得更为个性化，可根据智能反馈实时干预学习活动，从而最大程度地提升学生的学习体验，并重塑学习活动中的师生关系。从高校思想政治教育图书馆建设的角度来看，元宇宙技术加持下的高校思想政治教育图书馆，将推动高校思想政治教育数字图书馆从静态化、平面化的形式向动态化、立体化的形式转变。高校思想政治教育沉浸式图书馆也是虚拟学习社区的一大应用场景，而元宇宙技术在高校思想政治教育沉浸式图书馆的建设当中具有得天独厚的优势，无论是对高校思想政治教育沉浸式图书馆的数字资源管理工作，还是高校思想政治教育沉浸式图书馆的阅读环境的营造，抑或是对学习者个性化学习需求的支持等方面，元宇宙技术都能在传统图书馆向沉浸式图书馆的转型升级中发挥出巨大的价值。例如，美国的布兰迪斯大学图书馆就通过AR、VR等虚拟仿真设备帮助学生通过虚拟体验的方式进入现实中无法进入的实验室。无论是对高校思想政治教育元宇宙图书馆中虚拟书籍模型的建构而言，还是对高校思想政治教育元宇宙图书馆中云端学习库的建设而言，抑或是对高校思想政治教育元宇宙图书馆中稀缺珍贵书籍的复原与保存而言，元宇宙技术都能够提供突破时空局限的服务，促进学习资源的实时获取。元宇宙技术赋能高校思想政治教育沉浸式数字图书馆建设，将助推高校思想政治教育数字图书馆中学习空间的虚拟再造，在学习场景的构建中实现虚实融合，极大地提升学习者的具身体验。高校思想政治教育元宇宙图书馆将为学习者提供沉浸式的阅读环境、沉浸式的虚拟展厅和沉浸式的自习场馆，在诸多可穿戴设备的支持之下，学习者可根据个性化需要随意切换阅读场景，还可邀请同伴一同参与并开展交流，从而促进深度学习的实现。在高校思想政治教育元宇宙图书馆个性化学习支持中，元宇宙加持下的数字图书馆也兼具智能化服务功能，能够智能化提供学习服务，利用元宇宙提供的精准画像，学习者在现实世界和虚拟世界的阅读偏好都能够及时被反馈到智能服务终端，从而为学习者建立起个性化的推送机制和个性化的数字资源库。

三、构建基于元宇宙的高校思想政治教育发现式学习体系

发现式学习是以发现学习理论为指导进行学习资源和学习过程设计，[①]通过高校思想政治教育元宇宙为学生创造具有自我探索性或群体探索性的学习资源，利用高校思想政治教育元宇宙的沉浸体验优势、具身社交优势和自由创作优势促进学习者独立思考能力、自由探索能力和内容创作能力的形成。为学习者提供探索性强的学习资源是高校思想政治教育元宇宙发现式学习有效进行的

---

① 肖少北：《布鲁纳的认知——发现学习理论与教学改革》，《外国中小学教育》，2001年，第5期，第38—41页。

关键影响因素，对高校思想政治教育元宇宙发现式学习的发生、发展和效果等都具有重要影响。传统的高校思想政治教育为学生创造的学习资源往往以文字、声音、图片、视频等为主，抑或是非常有限的实物展示等，受到技术水平的限制，偶尔提供的虚拟现实也存在明显的失真缺陷，这很大程度上限制了学生利用这些学习资源进行自我发现式学习或群体发现式学习的可能性，造成传统的高校思想政治教育资源存在交互性差、操作性差、反馈不及时、无法克服时空因素限制和相应决策支持不足等问题。高校思想政治教育元宇宙将为学生开展发现式学习提供全面支持，能够满足诸如群体自由创作、具身性社交和虚实融生等发现式学习需求。

构建基于元宇宙的高校思想政治教育发现式学习体系包含以下四个基本步骤：第一步，提出问题并明确方向。高校思想政治教育元宇宙将颠覆传统上教师提问、学生回答的学习方式，传统的学习方式将被蕴含诸多问题域的元宇宙场景或元宇宙虚拟创生物激发的探究式、发现式学习所取代。第二步，营造有利于问题解决的情境。高校思想政治教育元宇宙利用智能技术形成问题，并为学习者创造发现问题和解决问题的探究式学习环境。第三步，利用高校思想政治教育元宇宙进行群体协作问题分析方案讨论。高校思想政治教育元宇宙需要利用好虚拟创造物的探索性价值、工具性价值和数据价值，为学习者提供持续协作探索的条件。第四步，高校思想政治教育元宇宙智慧引擎促进最佳解决方案的形成。在探索性学习过程中，智慧引擎能够集中发挥学习分析、大数据测算、人工智能和自适应学习软件等的优势生成最为科学合理的解决方案，为自主探索性学习或群体探索性学习方案的创新提供参考。

第三节　构建元宇宙赋能
高校思想政治教育创新实践的治理生态

一、规避元宇宙赋能高校思想政治教育的算法伦理风险

算法是高校思想政治教育元宇宙功能得以发挥的基础要素，也是决定高校思想政治教育元宇宙底层逻辑是否合理、是否具有发展前景的关键所在。但随着算法过度简化、算法趋于黑箱化、算法偏见愈发明显、算法鸿沟愈发巨大、算法依赖愈发强化等方面的问题不断出现，使元宇宙赋能高校思想政治教育的过程中不得不面临潜在的算法伦理风险。若想规避元宇宙赋能高校思想政治教育过程中可能面临的算法伦理风险，需要着力从高校思想政治教育元宇宙算法问责制、高校思想政治教育元宇宙算法风险评估和高校思想政治教育元宇宙算法公开性三个方面构建相应的监管框架和治理体系。一是要建立高校思想政治教育元宇宙算法问责制。高校思想政治教育元宇宙算法问责制的构建要充分满足主客观相一致的要求，以不断推进算法的合理化、精准化、体系化为主要目标，在算法问责工具层面，可引入高校思想政治教育元宇宙算法标准化测试工具，服务于算法问责工作。二是要建立高校思想政治教育元宇宙算法风险评估

机制。将对算法风险的评估纳入高校思想政治教育元宇宙算法设计与运行的过程之中，从算法的安全设计以及算法的伦理审查等方面强化算法监管和应急机制建设。三是要加强师生对高校思想政治教育元宇宙的全过程监督，尽可能保证高校思想政治教育元宇宙算法的公开性和透明度，并注重从制度法规层面保障好这种透明度，同时也要注意引导学习者建立算法规则意识，多方面促进高校思想政治教育元宇宙监管框架和治理体系的完善和优化。在元宇宙技术赋能高校思想政治教育的过程中，要将潜在的算法伦理风险防范放在突出位置，由于算法伦理涉及教育主客体的切身利益，相应的高校思想政治教育元宇宙算法伦理监管框架与治理体系就显得尤为重要。在元宇宙技术的筛选过程中，学校要制定对应的算法伦理标准体系，以避免一些存在伦理风险的元宇宙技术进入校园。在选择元宇宙技术的过程中，学校要向技术开发者明确算法伦理标准，确保技术在底层开发的过程中就能满足算法伦理要求，尤其在元宇宙教材的开发中更应如此。另一方面，学校在元宇宙技术引入教育实践的过程中，也应制定适应于实践环节的算法伦理规范，尤其是元宇宙技术与课堂教学、学业指导等工作相互融入的过程中，确保师生的隐私不被元宇宙算法侵犯、避免元宇宙算法偏见对师生可能造成的负面影响、始终坚守住以人为本的算法伦理底线。

二、推动元宇宙赋能背景下高校思想政治教育办学形态的升级

高校思想政治教育元宇宙反映了数字世界与实体世界融合共生背景下办学形态的更新趋势，元宇宙办学形态本质上体现的是开放联通的互联网思维，通过汇聚教育全系统的力量来共建共享教育教学资源，意味着一种教育组织内部的深层次变革。充分发挥高校思想政治教育元宇宙的这种变革优势以孵化高校思想政治教育办学形态和学习组织需要从以下两个方面着手：

一是要探索基于元宇宙的高校思想政治教育办学新形态。以元宇宙思维创新高校思想政治教育的办学形态与组织框架，促进学校教育与社会教育之间有

效衔接，是创新高校思想政治教育元宇宙办学形态的有效路径。长期以来，传统学校教育往往比较忽视对个性化、创新型人才的培养，元宇宙技术的融入将打破学校的"围墙"，元宇宙创设的时空环境将使学校与社会之间的互动变得更为畅通。虽然素质教育成效不显不能仅仅归咎于教育教学场所的桎梏，但笔者看来，时空场景和技术条件对突破传统化、标准化、固定化办学形态的弊病帮助巨大，营造开放灵活的时空场景是未来高校思想政治教育模态创新的重要方向。具体而言，首先，在教学场域上，学校并非是唯一的教育教学场所，整个元宇宙社会都可以成为教育教学的场所，并且元宇宙学校能够为教育教学创造获取优质教育资源的机会，在元宇宙技术的支持下学校教育与社会教育能够实现良性互动，线上教育将成为主要形态，学生们拥有充足的参与社会活动和社会实践的资源和机会。其次，在组织架构和分工上，元宇宙办学形态可实现组织架构和学制的扁平化和弹性化，在组织关系层面亦可实现开放联通和多主体共治。另外，元宇宙学校还可支持在教育教学的设计与规划中允许相关机构与服务组织的加入，以外包的形式提升教育产品的质量和服务的品质。学生也将成为元宇宙学校真正的主人，将在元宇宙学校的决策与管理中获得更多的角色与分工，教师与学校管理者的角色和分工也将更为专业化和精细化，并且共同服务于教育的个性化发展。同时，通过元宇宙时空环境，不同元宇宙校区可组成跨区域的教育联合体和教育教学社区，在元宇宙社区中发展社区教育，促进优质教育资源的共建共享。

二是要发展基于元宇宙的高校思想政治教育自组织学习社区。基于元宇宙的高校思想政治教育自组织学习社区将成为未来重要的学习组织形态，高校思想政治教育元宇宙强调的自组织学习社区是一种典型的多中心社群组织形态，身处自组织学习社区中的成员既是学习内容的消费者，同时也是学习资源的创造者，还可以是学习社区的管理者，这种组织形态充分体现出教育元宇宙自由平等、开放共创的文化特性。当前，以B站、知乎等为代表的互联网平台初步体现出了自组织的特征，在教育领域中基于联通主义学习理论的cMOOCs社区型课程实践形态和自组织学习模式也体现出非正式学习、多主体推动和协同创生等方面的特性。这些都让我们意识到元宇宙在学习社区搭建中的巨大优势，可见，基于元宇宙时空环境搭建具有开放、身份、相互依赖、多元、自治、自生长等特性的自组织学习社区，繁荣社区教育文化，促进社区成员间开展实时化、多元化交流互动，是构建未来高校思想政治教育新形态的重要选择。

三、推动元宇宙赋能背景下高校思想政治教育服务模式的创新

高校思想政治教育元宇宙数字身份与社会身份的融合反映出以下两个重要趋势：一是数字身份将越来越普遍化，高校思想政治教育主客体将越来越习惯于在元宇宙空间中以数字身份的形式分享知识、建立交互；二是元宇宙内外相统一的身份认证体系将有力促进价值的产生和主体权益的保障，这就为利用元宇宙推动高校思想政治教育服务模式改革创新提供了重要思路。具体而言，需要从以下几个方面着手：首先，充分利用元宇宙虚实空间融合优势培育服务供给主体，开拓多元服务供给路径。教育元宇宙平等自由、开放共享的特性让教育主客体都有平等的机会参与到资源的分享与创生中，主客体都能够在这个过程中建立自己的数字身份并打造自己的数字形象，高校思想政治教育应充分利用这种自下而上的自组织力量培育多元的服务供给主体，充分发挥自组织个体创作灵活且个性化的优势。其次，构建跨平台的高校思想政治教育元宇宙数字身份认证体系，健全相关产权保护机制。高校思想政治教育元宇宙的平等自由、开放共享特性虽然为各主体参与创作搭建了优质平台，但如果相配套的数字身份认证机制不够完善，尤其是如果缺乏跨平台的身份认证机制，没有对相关的产权形成保护，必将产生数字侵权、身份盗用、跨平台身份认证失败等问题，从而给高校思想政治教育元宇宙的建设带来阻碍。因此，必须构建开放、统一的数字身份认证体系和相应的产权保障机制。为此，需要抓好以下两个关

键点：一是数据是高校思想政治教育教育元宇宙的核心资产，必须重点加强对数据资产的确权和保护；二是应充分发挥区块链技术去中心化的优势，建立多主体、多中心联动互证的数字资产确权、流转与联动机制。

第四节　构建元宇宙赋能
高校思想政治教育创新实践的能力生态

一、提升元宇宙赋能背景下教师的场景建构与应用能力

元宇宙赋能高校思想政治教育场域，对高校思政课教师的场景建构与应用能力提出了新的要求，高校思想政治教育元宇宙融合了虚实时空和多维感官的教学环境使得元宇宙场景建构能力和情境化教学能力成为教师必须具备的能力素养。相比较而言，以往的多媒体教室、视频教学系统、教学用通讯软件等都侧重于文字、图片、视频、语音等形式传输教学信息，这很大程度上阻碍了学生创新性思维、批判性思维、团队协作能力等高阶思维和能力的培养。虚实融生的高校思想政治教育元宇宙教学环境要求教师具备多样化的学习支持能力，支持学生开展多模态的自由探索和表达，要求教师能够根据不同时空条件下的教学要求调整相应的教学形态或布局，甚至重构教学空间。要求教师能够根据教学内容的不同创设不同的教学环境、教学模型、制定针对性的教学策略、运用多样化的交互方式。

二、提升元宇宙赋能背景下教师的资源创作与整合能力

元宇宙赋能高校思想政治教育场域，对高校思政课教师的资源创作与整合能力提出新的要求，这主要是因为高校思想政治教育元宇宙中教学资源的自由编辑特性和虚实融通特性。在当前的教育技术条件下，无论是线上教育教学资源还是线下教育教学资源，都需要提前预约才能有效使用，这很大程度上限制了教师的自由调整空间。而在高校思想政治教育元宇宙中，教师完全可以根据教学需要使用元宇宙内的专业工具、素材和编辑器自由创作和编辑教学资源，设计教学场景，甚至制作动画特效或声音特效，还能生成虚拟教具和虚拟化身，甚至可以自由拆解一些虚拟物品，制作动态教学资源等，随心所欲控制和使用虚拟对象，这些都将成为教师需要具备的技能。

三、提升元宇宙赋能背景下教师的实践创新能力

元宇宙赋能高校思想政治教育场域，对高校思政课教师的实践创新能力提出了新的要求，高校思想政治教育元宇宙社会化教学、智能化教学、游戏化教学、个性化教学等需要教师具备良好的实践创新能力。由于当前的教学模式容易受到师资、时空条件和教学时长等因素的限制，教学的智能化、个性化需求是很难得到满足的，而教师也很难形成开展智能化、个性化实践教学的能力。在元宇宙教学环境中，教师可以通过虚拟化身的形式进行"分身教学"，将优秀的教学案例、教学成果、教学经验以元宇宙特有的方式固定下来，从而充实优质教师队伍，满足高质量教学的需要。能够根据实践教学不同环节的需要定制实践内容，面对不同教学时空开展个性化实践教学，因此教师需要具备相应的教学能力。

四、提升元宇宙赋能背景下教师的角色转型能力

元宇宙赋能高校思想政治教育场域，对高校思政课教师的角色转型能力提

出了新的要求，师生关系是高校思想政治教育活动中最为基础的人际关系，也是最为复杂的人际关系，师生关系可以一定意义上反映教学状态。传统思想政治教育教学活动中的唯二主体是教师和学生，而在高校思想政治教育元宇宙所建构的虚实融生教学场域中，教学活动的主体既可以是教师和学生，也可以是虚拟教师、虚拟学生等，教学活动的主体将是多元化的，教学主体间的关系也将是更为高阶的多主体关系。在多元主体共同参与的高校思想政治教育教学活动中，教师与学生之间的关系也发生变化，将不再凸显教师的权威性。高校思想政治教育元宇宙教学空间中的不同主体将扮演各自不同的角色，并且人机间的交互将成为常态，教师的角色将向价值引领者、学习指导者和心灵陪伴者转变。高校思想政治教育元宇宙教学活动中智能机器人和虚拟数字人的加入将大大削弱真人教师的权威性以及对教学活动的主导性，因此教师需主动求变，着力提升应对角色转型的能力。

五、提升元宇宙赋能背景下教师的职业道德与伦理素养

元宇宙赋能高校思想政治教育场域，对高校思政课教师的职业道德与伦理素养提出了新的要求，在高校思想政治教育元宇宙场域中，虚拟教师在教学工作中将分担起一些重复性高、规律性强和创造性低的部分，真人教师在高校思想政治教育元宇宙发挥作用的空间将被大量压缩，这就客观上造成教师职业发展的动力被一定程度上削弱了。而虚拟教师的过多使用也会让真人教师对其产生依赖，大量真实世界中的工作被转移到虚拟世界中进行将加速教学工作的"脱实向虚"，增加教师铸魂育人情怀被淡化的风险。另外，如果相应的运行规则或监管机制不够完善，这些问题或风险也有可能从虚拟世界外溢到现实世界之中，这就势必需要教师具备更高的职业道德和伦理素养才能从容应对以上挑战。

六、提升元宇宙赋能背景下教师的情境化教学能力

元宇宙赋能高校思想政治教育场域，对高校思政课教师的情境化教学能力提出了新的要求，在高校思想政治教育传统教学中，传授教学知识是真实课堂中的主要环节，高校思想政治教育元宇宙背景下的教师除了要掌握知识传授的本领以外，还要掌握根据不同的教学内容、教学对象、教学场景灵活调整教学情境的能力。其一，要掌握各种元宇宙教学工具和方法的使用技巧，如空间画笔、模型编辑器、立体视频频道、虚拟化身定制工具等，以满足元宇宙环境下的思想政治教育教学需求；其二，根据高校思想政治教育教学活动规模、形式的不同灵活设置元宇宙教学环境的形态、布局以及交流互动的形式等；其三，根据高校思想政治教育元宇宙环境下的教学内容、形式，构建与之相配套的教学情境，如背景环境、虚拟形象、互动方式、教学叙事等。

七、提升元宇宙赋能背景下教师的跨学科教学能力

元宇宙赋能高校思想政治教育场域，对高校思政课教师的跨学科教学能力提出了新的要求。传统的高校思政课教学资源主要是从相对单一的学科中搜集、整合、加工而来的，高校思想政治教育元宇宙中的教学资源在来源渠道上具有很强的开放性，高校思政课教师在元宇宙教学空间中拥有自己的化身，也拥有专属的教学场景和教学角色。例如，教学活动中的虚拟角色可以来源于对优秀漫画形象的复刻，可为虚拟角色定制性格、动作、人物故事等，并为其设计探险、文学、推理、历史等故事场景。此外，高校思想政治教育元宇宙教学资源还可基于空间位置信息获得，可以免去使用者来回拷贝或反复下载带来的麻烦。又比如，高校思政课教师引导学生穿梭于不同的虚拟空间之中，学生在虚拟空间中可以全向感知历史或文化背景等知识内容。不仅如此，这些教学资源还具有多学科融合的特征，提升学生的整体素养和能力。举例而言，通过在高校思政课教学资源中整合进旅游学科和文旅资源，就能够为学生提供具身体

验高山、丛林、海洋等自然资源的壮美与神奇的机会，通过在高校思政课教学资源中整合进历史学科和地理资源，就能够为学生创造游览历史古迹，全面调动学生时空逻辑思维，正确认识人与环境、人与社会关系的机会。可见，跨学科教学的能力是元宇宙赋能背景下教师的必备能力素养。

八、提升元宇宙赋能背景下教师的教学评价能力

元宇宙赋能高校思想政治教育场域，对高校思政课教师的教学评价能力提出了新的要求，传统的高校思政课教师主要将开卷或闭卷考试作为教学评价的主要工具，通过分析答题表现来评价学生的学习能力。元宇宙技术赋能高校思想政治教育，能够帮助高校思政课教师通过大数据、物联网、人工智能、可穿戴设备等多方面感知学生的各项表现数据，利用包含自身学生、设备和服务、内容和资源、时空和社会、活动和交互等要素在内的立体化情境。全方位掌握和分析学生的各方面现状，如呼吸、皮肤电、心跳、脑电等生理信息，手势、空间轨迹、体态、人机交互等活动信息，教学资源、教学策略、教学诊断、教学管理等支持服务信息，虚拟、现实和虚实融合等时空信息等。在人工智能、教学互动分析、可视化、社会网络分析等技术的加持下，分析以上诸种数据和信息反映的深层次或本质性问题。可从知识建构、兴趣偏好、认知发展、情感动机、情感发生、认知风格等方面分析学生的状态，可从背景信息、专业素养、教学行为、教学能力、内在特征、职业认同感等方面分析教师的状态，也可通过以上方式分析其他情境要素对学生知识掌握情况和课堂学习表现、教师情绪状态和教学行为表现等的影响来为教学决策提供参考。

第五节　构建元宇宙赋能
高校思想政治教育创新实践的技术生态

一、打造元宇宙赋能高校思想政治教育创新实践的研发共同体

打造面向元宇宙的高校思想政治教育研发共同体是促进元宇宙技术融入高校思想政治教育场域，促进高校思想政治教育持续优化的关键。教育主管部门和相关机构要着力引导、培育、扶植一些掌握元宇宙核心技术的教育元宇宙公司，在制度支持、资金支持和税收优惠等方面给予充分的帮扶。打造一个由政府主导的、吸引广大科研院所共同参与的高校思想政治教育元宇宙研发共同体。构建高校思想政治教育元宇宙是一个复杂的、跨学科的系统性工程，离不开多学科知识、庞大研究团队以及广大科研机构的密切合作。为了能够保障这种研发共同体能够良好运行，需要建立一整套协作开发体系，保障高校思想政治教育元宇宙研发的可持续开展。如前所述，高校思想政治教育元宇宙的开发会涉及诸多主体，是一项需要跨学科知识、复杂性技术和长期性投入的系统工程，其中涉及的主体既包括政府和研究机构，也包括企业和个人，唯有这些多元主体共同参与开发，才能实现高校思想政治教育元宇宙的可持续发展。政府

在这一过程中的职能主要表现在从顶层规划层面为高校思想政治教育元宇宙的发展方向提供引导，并提供政策、资金、环境等方面的支持，扶植高校思想政治教育元宇宙创新平台的开发，并对研发过程进行全程监督和管理，引导和规范相关主体的研发行为。各大研究机构和科研团队在相关技术的研发、运营和后台维护等环节提供技术支持。在整个研发共同体中，负责牵头的是政府机关，负责组建研发团队，整合资金、技术、人才等要素。各大科研院校和企业参与底层技术、关键技术和核心应用等的科研攻关，并积极开展技术交流合作。科研机构和相关企业、高校等的参与能够弥补政府在技术、资金等方面的不足，促进高校思想政治教育元宇宙相关应用的快速赋能和深度融入。另外，构建面向元宇宙的高校思想政治教育研发体系不能忽视个体的力量，个性化元宇宙空间的开发需要充分激活个体层面的有生力量，高校思想政治元宇宙空间的自由开放特性为个性化创作提供了无限的想象和操作空间，能够促进元宇宙个体成为个性化元宇宙空间的主要创建者。高校思想政治教育元宇宙平台拥有完善的奖励机制，可利用奖励机制激发个体参与元宇宙空间创建的热情和积极性，使个体在高校思想政治教育元宇宙时空中的劳动成果获得充分的认可和尊重，并且这种奖励机制也可一定程度上与现实世界中的奖励机制进行兑换和连接。另外，教师、家长、学生、管理者等个体既是高校思想政治教育元宇宙的参与者，也是高校思想政治教育元宇宙的开发者，高校思想政治教育元宇宙的开放性特征决定了他们能够深度参与到建构过程之中。

二、夯实元宇宙赋能高校思想政治教育创新实践的硬件支撑

夯实元宇宙赋能高校思想政治教育创新实践的硬件支撑，就是要完善高校思想政治教育基础设施建设的顶层规划，筑牢高校思想政治教育元宇宙的技术底座。元宇宙融入高校思想政治教育场域的背景下，教育模态发生显著更迭，加强相关规划的前瞻性布局，科学构建相关基础设施保障，是利用元宇宙技术

推进高校思想政治教育数字转型与智能升级的应有之义。高校思想政治教育元宇宙的基础设施层主要包括高校思想政治教育元宇宙物理层、高校思想政治教育元宇宙软件层、高校思想政治教育元宇宙数据层、高校思想政治教育元宇宙规则层和高校思想政治教育元宇宙应用层，每一层都有各自的功能和定位，共同构成高校思想政治教育元宇宙的技术底座。高校思想政治教育元宇宙的物理层是指硬件层面的基础设施，这些硬件基础设施包括但不限于5G网络、物联网、沉浸设备等，这些硬件基础设施主要为高校思想政治教育元宇宙提供信息搜集、数据存储、场景分类、互动交流、实操应用、智能识别、智能认知等方面的服务。高校思想政治教育元宇宙的软件层是数据加工、处理和分析层面的基础设施，由相关的支持软件和开发软件组成，包括但不限于VR软件系统、元宇宙操作系统和云计算系统等。高校思想政治教育元宇宙的软件层又包括基础软件层和应用软件层两种类型。高校思想政治教育元宇宙的数据层是指为元宇宙提供数据中心、数字资产、数据更新、数据循环等功能的基础设施。高校思想政治教育元宇宙规则层是一系列元宇宙运行规则、数字标准、维护标准、运行秩序等的总称，主要提供的是高校思想政治教育元宇宙精细化、个性化、系统性管理服务。高校思想政治教育元宇宙应用层是指在教学、管理、评价等方面实际展开应用的元宇宙基础设施。高校思想政治教育元宇宙基础设施层各层之间是由低到高、逐层展开、互为支撑的关系，层层叠加建构起高校思想政治教育元宇宙的基础架构，维系着高校思想政治教育元宇宙的运作和功能发挥。由于高校思想政治教育元宇宙本身就是在云计算、物联网、分布式存储、5G网络和区块链技术等基础之上的，因而推进高校思想政治教育元宇宙基础设施建设，实际上也就是推进以上子技术及其基础设施建设。政府应加大相关的投资力度，引导资金融入相关基础设置建设中，鼓励民间资本进入相关投资过程。另外也应加强核心技术的研发，打破核心技术受制于人的局面，为高校思想政治教育元宇宙的长远发展提供技术支持。在此过程中应充分利用好高校、科研机构、企事业单位联合开发的优势，充分利用财税金融政策以解决关键技术研发的市场失灵问题，激励民营企业通过市场化手段攻克元宇宙核心技术。

三、制定元宇宙赋能高校思想政治教育创新实践的标准体系

构建基于元宇宙的高校思想政治教育标准体系是要通过协商制定的方式形成体系化的技术标准，以此确立高校思想政治教育元宇宙的运行规范。高校思想政治教育元宇宙是一种新兴事物，涉及多学科、多主体和多领域，需要确立系统的标准制定策略，多方合作、协同制定标准体系。首先，建立致力于高校思想政治教育元宇宙标准体系研究的专门机构，如高校思想政治教育元宇宙实验室、高校思想政治教育元宇宙研究院等，确保研究方向和成果的公共属性。在政府部门的组织下，集合企事业单位、科研机构、高校等多方力量组成高校思想政治教育元宇宙专门研究机构，加强政府和企业、学校和企业之间的合作，充分发挥多主体在政策制定、技术攻关和市场拓展等方面的优势，探索建立科学、标准的组织体系。其次，多方协同制定高校思想政治教育元宇宙技术标准，促进高校思想政治教育元宇宙可持续发展。在多方主体共同参与的基础上，探索建立标准化高、兼容性强的高校思想政治教育元宇宙技术标准，在政策法规、指导意见和行业标准的规约下对高校思想政治教育元宇宙的数字资源、教学活动、个体行为规范等做出规定，探索建立"元宇宙+高校思想政治教育"的指标体系。再次，开发元宇宙在高校思想政治教育教学中的试点应用，通过以点带面的方式降低可能的技术风险。在部分试点单位、试点学校开展高校思想政治教育元宇宙教学实验，打造典型教学案例。在试点推进高校思想政治教育元宇宙教学应用的同时广泛采集数据，以此作为技术标准优化的依据，这样不仅能解决相关技术标准的验证问题，也有助于不合理技术标准的优化和完善。最后，制定高校思想政治教育元宇宙管理制度，保障高校思想政治

教育元宇宙健康发展。在高校思想政治教育元宇宙教学活动中，由于教学活动的虚实交融性、个性化和多样化，建立与之相适应的管理制度就显得尤为重要，这些制度既包括针对学生行为规范的管理制度，也包括虚拟校园、课程建设、教学实施、教师行为等方面的管理制度。

四、培育元宇宙赋能高校思想政治教育创新实践的人才体系

高校思想政治教育元宇宙带来的数字化、虚拟化教育教学环境对相应教学、管理方面的人才培养提出了新的要求，打造面向高校思想政治教育元宇宙的人才体系成为一项极端重要的工作。高校思想政治教育元宇宙要有计划、有针对性地培养与之相配套的专业教师和创新人才队伍，重点培育和引进VR/AR/MR/XR、人机交互、数字孪生等技术领域的专业人才，给予专业人才应有的福利待遇，做到"引育用留"，多措并举打造高校思想政治教育元宇宙人才队伍。高校思想政治理论课教师也应主动面对元宇宙技术的融入带来的挑战，不断夯实自身的技能和本领，加强相应的学习和知识储备，增强适应环境变化，提升服务质量的能力。例如，就高校思想政治教育元宇宙的特征而言，师生多以数字分身或数字化身的形式进入元宇宙教育场域之中，这就需要师生不仅要掌握相关虚拟设备的使用技巧，同时还要能够使用"捏脸技术"等自编辑技术塑造自己的虚拟形象，甚至成为使用这些技术的行家里手。又比如，高校思政课教师在元宇宙教学场景中可能需要延伸和映射出多个线程的教学分区，同时处理不同的教学任务，这就需要形成处理多线程任务的能力。元宇宙化的高校思想政治教育环境提供了全新的教育样态，也极大地拓展了高校思想政治教育的丰富程度，能够显著提升高校思想政治教育主客体的幸福感、获得感，加强高校思想政治教育主客体元宇宙素养的培育，可以起到锦上添花的效果。综上所述，培育人才队伍是促进元宇宙融入高校思想政治教育场域的重要一环，归根到底，元宇宙人才才是最为重要的元宇宙资源，加强高校思想政治教

育元宇宙建设，必须打造一批素质过硬的人才队伍。一方面，高校应高度重视对基础学科领域如数学、化学、物理、生物等人才的培养，在通信工程、软件工程、计算机科学与工程、工业设计等应用学科领域加强元宇宙人才储备。高校也应加强思想政治教育元宇宙相关的交叉学科建设，加强校企之间在思想政治教育元宇宙人才培养上的合作关系。另一方面，提高高校思想政治教育元宇宙相关人才的待遇标准，完善相应的人才引进政策，创造有利于高校思想政治教育元宇宙学科发展和技术研发的科学研究环境，吸引全国各地甚至全世界的科学家、学者、工程师加入到研究中，并鼓励元宇宙相关企业根据自身需要培养元宇宙相关技术人才。可见，高校思想政治教育元宇宙的构建、运行、维护是离不开专业技术人才的支撑的，高校的一项重要任务，就是主动承担起教育元宇宙人才培养的重任，积极探索高校思想政治教育元宇宙人才体系和培养模式。

第六节 构建元宇宙赋能
高校思想政治教育创新实践的学科生态

高校思想政治教育学科是中国共产党在长期的思想政治教育实践中总结、提炼出来的一门经验性的学科。随着20世纪80年代高校思想政治教育学科正式创立，其研究领域不断扩大、研究对象不断丰富，高校思想政治教育最初以高校大学生的思想动态、行为规律等为研究对象，后来随着研究范围的扩大，企业、政府、军队等组织中个人的思想、行为也成为其研究内容。但无论研究和应用领域如何扩展，高校思想政治教育研究与实践都以实在性的物理世界为空间，以现实的人为研究或教育对象。[①]随着20世纪中叶至今计算机、互联网、大数据、人工智能、区块链等信息技术革命的相继开展，高校思想政治教育学科的学术研究和教学实践逐渐由现实场域向虚拟场域拓展。尤其是20世纪90年代以来互联网技术应用领域向纵深推进，使得网络空间成为高校思想政治教育的重要创新空间，网络思想政治教育由此兴起。伴随着大数据技术应用的越来

---

① 骆郁廷：《思想政治教育原理与方法》，北京师范大学出版社，2020，第1—16页。

越广泛，高校思想政治教育的研究视域也开始延伸向数据空间，大数据思想政治教育应运而生。人工智能、区块链等技术对高校思想政治教育也愈发产生重要影响，很大程度上促成了元宇宙技术与高校思想政治教育的融合，作为综合集成了众多先进技术的元宇宙技术，为高校思想政治教育勾勒出了充满无限想象力和操作空间的未来愿景，带来了高校思想政治教育的又一场重要变革。高校思想政治教育向元宇宙空间的扩展，使得高校思想政治教育获得了无比巨大的学术研究和教学实践的增长空间。虽然不可否认的是元宇宙也将给高校思想政治教育带来很多不确定性，从矛盾的主要方面来看，机遇仍然是主要的。高校思想政治教育元宇宙将帮助高校思想政治教育主客体从实体性的物理世界走向数字化的虚拟世界，未来高校思想政治教育主客体将在虚实融合的教学场域中自由穿行。也就是说，未来高校思想政治教育的场域不但可以布置在现实物理世界中，也将同时可以布置在虚拟世界中。在未来的元宇宙世界中，人到哪里，高校思想政治教育就可以覆盖到哪里，元宇宙必将给高校思想政治教育带来无比广阔的理论研究和实践发展空间。因此，未来的高校思想政治教育不但要研究我们现实的社会生活和思想行为，还要与时俱进研究元宇宙世界以及元宇宙社会中人们的生活、思想和行为。因此，高校思想政治教育的研究工作需要延伸到比现实生活空间更为广阔的元宇宙空间中，对高校思想政治教育学科发展而言，这是一个重大挑战，同时也是一个重要机遇。

一、构建元宇宙赋能高校思想政治教育创新实践的学科新工具

高校思想政治教育学科的研究对象本质上是人，更具体点说，本质上研究的是人的思想状态和行为规律，但是人的思想状态通常是不可见的、摸不着的，具有鲜明的模糊性、不可控性。虽然人们可以借助语言、文字、表情、动作等一定程度上把握人的所思所想，但这实际上也只是一种形式的猜测，人的思想仍然像一个黑箱，无法直接打开，直接观看，人们真实的想法仍然无法直

观得知。而随着元宇宙时代的到来，人的思想、意识等将可通过数据化的手段变得可视化，人的思想将转变为一系列可观测、可测量、可计算、可仿真的变量。换句话说，元宇宙技术可以让人的思想、情感从隐性的形态转变为显性的形态，对高校思想政治教育学科而言，这意味着其将获得新的学科研究工具和技术手段。虽然个体的思想是很难看得见、摸得着的，也难以从外界观察和描述，但是在高校思想政治教育元宇宙场域中，万事万物都可以通过数字化的形式呈现，个体的思想、情感等亦可通过技术转化为可视化的数据信息。通过观察这些数据信息，就可以直观地把握个体的思想、情感状态，了解和描述思想、情感的变化。对人的思想、情感而言，用数据刻画实际上要比通过语言来描述更为精准。认知的数据化一定程度上反映了人类在认知科学上的巨大进步，数字化让认知可以以数字编码的形式存在。因此，在高校思想政治教育元宇宙场域中，可以将思想、情感等视为可测量的数据，它可以被计算、可以被预判、可以被干预，通过一系列复杂的计算，就可以发现这些数据当中隐藏的规律。可以说，高校思想政治教育元宇宙利用各种新技术，将个体的思想情感数据化并发现其中的规律，意味着学生的所思所想能够被读懂，学生的行为倾向也都可以被预测并视情况做出及时干预，这将使高校思想政治教育变得更为主动，不再像以往那样处于被动之中。由此可见，元宇宙赋能高校思想政治教育，使得高校思想政治教育拥有了可以掌握学生思想情感的技术手段，高校思想政治教育元宇宙真正成为人类研究的实验室。

二、构建元宇宙赋能高校思想政治教育创新实践的学科新领域

从学科建设的角度来看，传统的高校思想政治教育学科往往缺少自己专有的技术工具和技术手段，也缺少实验环节和实证分析。元宇宙技术赋能高校思想政治教育，使实验思想政治教育和科技思想政治教育成为高校思想政治教育学科新的领域。所谓实验思想政治教育和科技思想政治教育，是指通过各种实

验和技术手段，将人的思想、情感等通过映射的方式投射在元宇宙空间之中，在元宇宙系统呈现为一系列数据，再通过模拟和仿真技术将这些思想、情感数据可视化，呈现为能被VR、AR等设备呈现的可视化图像信息，从而让思想、情感成为通过肉眼观察的对象的思想政治教育学科领域。实验思想政治教育和科技思想政治教育还可以通过控制一些变量，如环境变量、教育手段变量等方式观察可能的思想、情感变化，从而间接把握个体思想、情感等的变化规律。通过获得的个体思想、情感变化规律，就可以对教育对象思想、情感的未来变化趋向做出精准预测。高校思想政治教育元宇宙是通过刻画、直观展示的方式呈现人的思想、情感状态及其变化发展规律的，也可以通过此种方式刻画、展示群体的思想、情感变化发展规律，还可通过客观、可控的思想、情感数据完成思想、情感等的实验。因此，我们完全可以将元宇宙发展成为人类思想的实验室，而元宇宙赋能高校思想政治教育，将使高校思想政治教育真正成为研究学生思想、情感的实验室。可见，随着元宇宙技术加速融入高校思想政治教育场域，高校思想政治教育的学科领域必将被深刻重构。学生思想、情感的数据化问题将被智能感知技术解决，数据的传输问题将被互联网技术解决，数据的存储问题将被云存储技术解决，数据的采集问题将被数据挖掘技术解决，数据计算和法律发现问题将被云计算和深度学习技术解决，数据可视化和虚拟仿真问题将被虚拟现实技术解决，数据预测问题将被算法计算解决。综上所述，在元宇宙技术的加持下，学生的思想、情感、行为等皆成为元宇宙世界中的数据化存在，都将以数据化、可视化的形式呈现于元宇宙虚拟时空之中，高校思想政治教育彻底变成了一个可观、可测、可算、可控的数据系统。在元宇宙技术的加持下，高校思想政治教育不但将成为一门政治性学科，同时也将成为一门实验性、科学性的学科，而元宇宙为这种实验性和科学性提供了坚实的基础，实验思想政治教育和科技思想政治教育必将成为未来高校思想政治教育新的学科发展方向。

三、构建元宇宙赋能高校思想政治教育创新实践的学科新范式

范式是科学哲学家托马斯·库恩用来衡量学科成熟度及其变化状态的一个重要概念，他认为，任何一个成熟的学科都从起初的各种纷争慢慢走向意见一致，建立起自己的信念、假设、规范、方法以及典型的案例等，并在自己的规范里解决遇到的各种问题。[①]作为中国共产党数十年来思想政治工作经验在政治学科建设上的重要成果，高校思想政治教育学科可以说是最具中国特色的政治学科。在数十年的时间里，高校思想政治教育从无到有，从工作经验到发展成为一门正式的学科，高校思想政治教育在这个过程中逐渐发展出自己的学科体系，形成了独具一格的学科范式，我们可以将这种学科范式称为初级阶段的范式。初级阶段的高校思想政治教育学科范式虽然广泛借鉴了其他学科如教育学、心理学、社会学等的学科方法，如社会调查方法等，但其学科特征依然主要表现为经验归纳。随着信息技术日新月异的进步，万物皆可数据化成为现实，人文学科也可以像自然学科那样通过数据分析来发现规律、解释现象甚至预测未来，由此逐渐走向计算机社会科学。在元宇宙场域中，构成元宇宙的各项技术已经可以将人的思想、情感等数据化，用可视化的手段来呈现人思想、情感的变化过程。因此，元宇宙技术的加持下高校思想政治教育学科也可以像研究自然科学那样"用数据说话"，用实验验证，用计算把握规律，用科学预测未来。这就需要高校思想政治教育的主动变革自己的学科范式，更多借鉴和转向实证范式，实现基于元宇宙的学科范式创新升级。

---

① ［美］托马斯·库恩：《科学革命的结构》，金吾伦，胡新和译，北京大学出版社，2012年，第147—159页。

后 记

　　元宇宙代表了一种前所未有的技术革命、一种前所未有的思维革命和一种前所未有的范式革命，人类将因为元宇宙技术迎来深刻变革，这种变革是全领域的，也是颠覆性的，必将驱动观念的变迁、模式的创新和发展的转型。元宇宙技术群将成为推动这场变革的核心技术驱动力，引领这场变革的主流思维方式将成为元宇宙思维，引领这场变革的主流创新范式也将成为"元宇宙+"。正是在这样的背景下，笔者从元宇宙条件下的社会变革以及由此引发的高校思想政治教育的现实需要出发，立足元宇宙背景下高校思想政治教育现状，提出"元宇宙赋能高校思想政治教育创新实践研究"选题，基于"元宇宙+"这一创新范式，尝试性地阐释了"高校思想政治教育元宇宙"这一未来高校思想政治教育范畴，探索基于元宇宙技术的高校思想政治教育理念和实践。

　　基于元宇宙技术的高校思想政治教育研究，是高校思想政治教育研究中的重要选题、前沿选题和热点选题。这一选题的重要性就在于，当前高校思想政治教育理论研究和实践工作中存在的一个重要问题，就是技术赋能不充分的问题。从元宇宙这一技术思维和技术路径出发展开高校思想政治教育元宇宙研究，有助于推进技术视野下的高校思想政治教育理论研究和实践创新。就这一选题的前沿性而言，元宇宙的相关研究始自2021年，截至2023年2月发表在核心期刊上的论文已经超过了500篇。其中，高校思想政治教育元宇宙相关的研究还处于起步阶段，在研究的广度和深度上亟须进一步拓展。就这一选题的热点性而言，习近平总书记多次强调"要主动适应信息化要求、强化互联网思维"。元宇宙表征着互联网思维的最新形态，高校思想政治教育元宇宙思维是对思想政治教育互联网运行规律的认识，是对元宇宙背景下高校思想政治教育的理念、方法、模式及效果的把握。

在吸收借鉴国内外关于元宇宙的论说、定义以及相关理论探讨的基础上，本书从元宇宙技术赋能高校思想政治教育的视角出发，深入分析了元宇宙的内涵，系统归纳了元宇宙概念的外延。一方面，基于科学范畴体系和理论框架，将元宇宙定义为现实世界与虚拟世界融合互嵌的人类数智化生存新样态，并从元宇宙技术关涉的技术赋能现象、技术赋能方法、技术赋能方式、技术赋能模式、技术赋能结果等几个维度进行理解和把握。从技术赋能现象的角度来看，元宇宙技术是互联网技术和实践发展到一定阶段的必然结果，元宇宙技术以互联网技术发展的结果态、过程态、方法态的形式呈现，是对互联网发展最新技术形态和运用规律的理性认识和自觉运用；从技术赋能方法的角度来看，元宇宙技术是人类在一系列技术创新实践中凝结而来的技术成果，元宇宙技术并非人"心智的自由构造"，而是对技术实践活动、技术实践结果的析释与破译，是对技术创新实践中实践思维、实践经验的归纳与总结；从技术赋能方式的角度来看，元宇宙技术是在人类一系列技术创新实践中形成的，人类的技术创新实践背景为认识元宇宙提供了参照系，为元宇宙技术的创新、运用、升级提供参照；从技术赋能模式的角度来看，元宇宙技术是人类在技术创新实践中对技术的升级和完善，元宇宙技术赋能模式处在赋能的技术先导位置上，处在新技术创造性转化方式、方法的上游，决定着元宇宙技术赋能方法是否正确，赋能是否顺利；从技术赋能结果的角度来看，元宇宙技术是人类在技术突破创新实践中创造的时代结晶，元宇宙技术作为时代转换背景下出现的一种技术形态，不断创新是其本质发展动力，也是其常态表现，元宇宙技术将随着人类技术整体水平的螺旋式上升而不断更新迭代。另一方面，基于对元宇宙技术本质的分析，立足对当前已有元宇宙应用实践的考察，从价值意识、产品意识、风险意识、管理意识四个维度把握元宇宙技术的外延。元宇宙技术赋能的价值意识是"以用户为中心"，体现为用户思维，以用户为中心是元宇宙技术成功应用于实践的关键，在用户思维的基础上延伸出其他元宇宙技术赋能意识；元宇宙技术赋能的产品意识是"以创新为驱动"，体现为包括颠覆意识、简约意识、极致意识、迭代意识等的思维集合，是用户思维在元宇宙产品创新中的具体与显化；元宇宙技术赋能的风险意识是指时刻关注元宇宙技术赋能过程中的潜在风险，体现为包括伦理风险意识、法律风险意识、传播风险意识、意识形态风险意识等；元宇宙技术赋能的管理意识是"以效率为导引"，体现为包括大数据思维、智能化思维、平台思维等的思维集合，是用户思维在元宇宙管理再造中的具体与显化。

逐渐到来的元宇宙时代，逐渐崛起的元宇宙社会，行将重构高校思想政治教育。元宇宙技术以一种新的技术范式进入高校思想政治教育的场域中，在继承高校思想政治教育传统范式的过程中，在推动高校思想政治教育创新实践的过程中，元宇宙技术必将推动高校思想政治教育取得新发展。在对高校思想政治教育内容、方法、载体、思维、机制等进行分析的基础上，本书提出高校思想政治教育应当基于元宇宙技术创新内容、方法、载体、思维和机制。举例来看，高校思想政治教育思维集中反映了高校思想政治教育一系列的取向和追求。元宇宙时代新的环境和特点，要求高校思想政治教育思维应从坚持教师主导转变为更加尊重和突出学生主体地位，注重对学生多样化发展需求和学习需要的满足。高校思想政治教育方法是高校思想政治教育方式手段的体现，元宇宙社会运行的规律和元宇宙居民的生存状态要求高校思想政治教育在方法选择上应该更加注重生活教育，回应元宇宙社会生活的需要，并注重将元宇宙融入现实校园生活环境和话语体系。高校思想政治教育载体是高校思想政治教育的承载方式，集中反映了高校思想政治教育的工具、平台等。在元宇宙背景下，高校思想政治教育在载体选择上应注重选择能够突出学生主体地位的载体，选择那些更能突出生活教育的平台，强化高校思想政治教育体系中的平台驱动，构建平台化模式、平台化架构。

从元宇宙技术赋能高校思想政治教育的实践路径来看，其关键环节主要包括元宇宙赋能高校思想政治教育内容建设、赋能高校思想政治教育载体建设、赋能高校思想政治教育机制建设等几个方面。本书首先从"用户思维"与"高校思想政治教育元宇宙内容开发"切入，集中讨论高校思想政治教育元宇宙内容的本质属性以及高校思想政治教育元宇宙内容开发的需要导向、话语转换等问题。高校思想政治教育元宇宙内容是元宇宙技术在高校思想政治教育中的具体化呈现，是指高校思想政治教育主体以学生在元宇宙空间中的数字化身为教育对象，基于元宇宙技术和元宇宙平台开展教育教学实践，能够承载高校思想政治教育内容并服务于高校思想政治教育元宇宙的物质实体和文化形式。高校思想政治教育元宇宙的教育对象是现实的人、具体的人，也可以是虚拟化的人、数字化的人，无论是实体个体还是虚拟个体，都可以在高校思想政治教育元宇宙时空中收获成长，满足其全面发展的诉求。置身"以用户为中心"的元宇宙时代，坚持"以人民为中心"的赋能导向，高校思想政治教育元宇宙内容开发，应当始终重视用户需求，优化对供给侧的结构性改革，以充分适应当代大学的全面发展需要，最大化满足当代大学生的个性化需要，更好激发当代大学生的自我发展需要，在话语方式的选择上充分重视大学生的话语特点，更多地使用故事性的话语表达，将高校思想政治教育元宇宙内容与学生全面发展有机融合，在更好满足学生全面发展需要的过程中不断完善高校思想政治教育元宇宙的内容，通过元宇宙技术的赋能，化解高校思想政治教育内容供给与大学生日益增长的成长发展需要之间不平衡的矛盾，将理想信念、价值理念、道德观念等以潜移默化的方式传递给学生，用润物无声的方式提升学生的思想水平、政治觉悟、道德品质。

解决了高校思想政治教育元宇宙是什么的问题，回答了元宇宙技术对高校思想政治教育创新发展的重要意义的问题，而后便要回答元宇宙技术赋能高校思想政治教育的策略、路径等方面的问题。本书基于"社会化思维"，聚焦"元宇宙赋能高校思想政治教育创新实践"这一核心问题，集中讨论了元宇宙赋能高校思想政治教育的技术环境、受众特征以及高校思想政治教育技术优化的基本维度等问题。当前，科技创新、教育生态、受众特征、教育技术都在发生深刻变化，特别是元宇宙技术正在教育领域催生出一场前所未有的深刻变革，教育技术的多样化、受众需求的个性化特征日益凸显。高校思想政治教育元宇宙作为教育者运用元宇宙这一教育技术工具，实现思想政治教育内容扩散、接收、认同、内化的过程，较之于传统的高校思想政治教育环境、载体、路径、方法、对象等都发生了深刻变化，需要在准确把握元宇宙时空规律、元宇宙原住民特点，吸收借鉴元宇宙技术成功应用经验的基础上，在具体操作层面上主动探新求变，从设置赋能议题、引进技术手段、多元协同建构、整合多方资源等维度予以优化，提高高校思想政治教育元宇宙的吸引力、创造力、影响力、适应性，推动高校思想政治教育创新实践。与此同时，元宇宙赋能高校思想政治教育创新实践的过程中需要在原则方向层面自觉把关控舵，协调处理进度与质量、一元与多样、当前与未来三个方面辩证关系，确保元宇宙赋能高校思想政治教育整体过程的张弛有度、开合有序。

优质的高校思想政治教育元宇宙教学内容和有效的高校思想政治教育元宇宙教学展开方式，是建构高校思想政治教育元宇宙的两个核心议题，前者关乎高校思想政治教育内容，后者关乎高校思想政治教育效果。在对以上两个核心议题进行探究之后便有了下一个问题——如何实现优秀高校思想政治教育元宇宙教学内容的持续开发？如何实现高校思想政治教育元宇宙教学的持续开展？

要探讨这两个问题，需要将研究推向更宏观的领域和更系统的层面，开展对高校思想政治教育元宇宙生态系统的研究。本书基于系统思维，聚焦高校思想政治教育元宇宙整体生态建设，集中讨论高校思想政治教育元宇宙生态系统的整体结构、核心要素以及构建高校思想政治教育元宇宙生态体系的主要路径、基本要求等问题。高校思想政治教育元宇宙生态系统是指高校思想政治教育元宇宙中内外因子相互联系、相互作用、相互制衡的关系与状态。一方面，高校思想政治教育元宇宙是一个整体的、复杂的生态系统，包括上游技术、中游技术和下游技术等诸技术因子，包含高校思想政治教育元宇宙内生态、高校思想政治教育元宇宙属生态和高校思想政治教育元宇宙外生态诸层次，构成了高校思想政治教育元宇宙链条式、圈层化、整体性的生态结构。另一方面，高校思想政治教育元宇宙诸因子在整个生态系统中具有的作用、所处的地位也是不同的，其中"数字主客体"天然是居于高校思想政治教育元宇宙核心"生态位"的，必须抓住"数字主客体"这一核心因子，以人为中心汇聚、包容和关照高校思想政治教育元宇宙各层次生态系统中的生态要素。因此，建设高校思想政治教育元宇宙生态既要坚持全面的、联系的、协调的、可持续的观点和方法，又要重点把握核心生态因子、调控关键生态变量、理顺基本生态关系，通过构建高校思想政治教育元宇宙质量评价体系来调控高校思想政治教育元宇宙的内生态，通过构建高校思想政治教育元宇宙融合发展模式来调控思想政治教育元宇宙的属生态，通过构建元宇宙环境综合治理机制来调控思想政治教育元宇宙的外部生态，进而引导推动建设协调性、平衡性、融合性、共生性的高校思想政治教育元宇宙生态体系。与此同时，在推进高校思想政治教育元宇宙生态建设的过程中，需要深刻认识和准确把握数字原住民网络素养不断提升、资源供给路径不断巩固、元宇宙生态平衡不断夯实三个方面内在要求，确保高校思想政治教育元宇宙生态建设动能充沛、蓬勃发展。

综上，本书在解析和把握高校思想政治教育元宇宙内涵与外延的基础上，在理论层面上基于技术逻辑探讨高校思想政治教育元宇宙建构的理念问题，在实践层面上基于技术逻辑探讨高校思想政治教育元宇宙内容建设、管理优化、生态建设问题，将元宇宙社会的主流技术范式、成功应用经验投映到高校思想政治教育元宇宙中，力求在理论和实践层面有所创新、有所助益。同时，作为一项具有前沿性、热点性的选题，这一研究选题无论在研究广度上，还是在研究深度上，都仍然有着很大提升空间。其一，还需要进一步深化研究高校思想政治教育元宇宙基本范畴，需要从整体上展开高校思想政治教育元宇宙生成机制、结构要素、作用功能、相关关系等的研究，特别是关于作为意识形态层面的高校思想政治教育与作为技术层面的元宇宙空间、元宇宙社会、元宇宙交往、元宇宙文化等之间的相互关系与相互作用等问题的研究亟待系统开展。其二，元宇宙背景下高校思想政治教育创新发展研究有待进一步深化，运用元宇宙技术创新高校思想政治教育决不能仅仅局限于研究用户需求的满足和平台载体的建设，如何运用元宇宙技术提升高校思想政治教育的现代化水平？如何运用元宇宙技术提升高校思想政治教育的智能化水平？如何运用元宇宙技术构建高校思想政治教育协同育人格局？如何运用元宇宙技术增强高校思想政治教育创新发展活力？都是元宇宙赋能高校思想政治教育研究需要进一步深入下去的课题。其三，需要进一步深化研究元宇宙技术赋能背景下学生思想道德的形成特点和发展规律，包括学生在现实环境与元宇宙环境交互影响下思想道德建构的特点和规律，学生在现实空间与元宇宙空间来回切换的作用下行为模式的特点和变化规律，元宇宙教育空间中学生的思想行为与现实中思想行为的矛盾关系等问题，对这些问题的研究直接关乎元宇宙赋能高校思想政治教育背景下能否真正洞察学生的思想特点、文化模式和行为逻辑。

参考文献

经典文献

［1］马克思恩格斯选集：第1卷［M］．北京：人民出版社，2012.

［2］马克思恩格斯文集：第1卷［M］．北京：人民出版社，2009.

［3］马克思恩格斯文集：第2卷［M］．北京：人民出版社，2009.

［4］马克思恩格斯文集：第3卷［M］．北京：人民出版社，2009.

［5］马克思恩格斯文集：第4卷［M］．北京：人民出版社，2009.

［6］马克思恩格斯文集：第5卷［M］．北京：人民出版社，2009.

［7］马克思恩格斯文集：第8卷［M］．北京：人民出版社，2009.

［8］马克思恩格斯文集：第9卷［M］．北京：人民出版社，2009.

［9］马克思恩格斯文集：第10卷［M］．北京：人民出版社，2009.

［10］马克思恩格斯全集：第3卷［M］．北京：人民出版社，1965.

［11］马克思恩格斯全集：第20［M］．北京：人民出版社，1971.

［12］马克思恩格斯全集：第21卷［M］．北京：人民出版社，1965.

［13］马克思恩格斯全集：第27卷［M］．北京：人民出版社，1972.

［14］列宁全集：第36卷［M］．北京：人民出版社，1959.

［15］列宁全集：第45卷［M］．北京：人民出版社，1990.

［16］列宁全集：第55卷［M］．北京：人民出版社，1990．

［17］习近平谈治国理政：第1卷［M］．北京：外交出版社，2014．

［18］习近平谈治国理政：第2卷［M］．北京：外文出版社，2017．

［19］习近平谈治国理政：第3卷［M］．北京：外文出版社，2020．

［20］中共中央文献研究室．习近平关于科技创新论述摘编［M］．北京：中央文献出版社，2016．

著作类

［1］张耀灿．思想政治教育学前沿［M］．北京：人民出版社，2006．

［2］冯刚．大学生思想政治教育工作概论［M］．北京：北京师范大学出版社，2020．

［3］骆郁廷．思想政治教育原理与方法［M］．北京：高等教育出版社，2010．

［4］陈万柏，张耀灿．思想政治教育学原理［M］．北京：高等教育出版社，2007．

［5］刘建军．新时期思想政治工作创新研究［M］．北京：中国人民大学出版社，2018．

［6］张耀灿，郑永廷，等．现代思想政治教育学［M］．北京：人民出版社，2006．

［7］张耀灿，郑永廷，吴潜涛，骆郁廷，等．现代思想政治教育原理［M］．北京：人民出版社，2006．

［8］张耀灿，钱广荣，等．思想政治教育学科范式简论［M］．芜湖：安徽师范大学出版社，2018．

［9］张耀灿，等．高校思想政治理论课教育教学质量检测体系研究［M］．北京：经济科学出版社，2014．

［10］郑永廷. 思想政治教育原理［M］. 北京：高等教育出版社，2016.

［11］郑永廷. 思想政治教育方法论［M］. 北京：高等教育出版社，2010.

［12］张澍军. 思想政治教育前沿论略［M］. 北京：人民出版社，2015.

［13］张澍军. 思想政治教育学科建设研究［M］. 北京：人民出版社，2016.

［14］陈万柏，张耀灿. 思想政治教育原理：第3版［M］. 北京：高等教育出版社，2015.

［15］马修·鲍尔. 元宇宙改变一切［M］.岑格蓝，赵奥博，王小桐，译. 杭州：浙江教育出版社，2022.

［16］赵国栋，易欢欢，徐远重. 元宇宙：下一代互联网的新形态［M］. 北京：中译出版社，2021.

［17］叶毓睿，李安民，李晖，岑志科，何超. 元宇宙十大技术［M］. 北京：中译出版社，2022.

［18］朱嘉明. 元宇宙与数字经济［M］. 北京：中译出版社，2022.

［19］黄乐平，邹传伟. 元宇宙经济学［M］. 北京：中信出版社，2022.

［20］孟庆国，严妍，赵国栋. 政务元宇宙［M］. 北京：中译出版社，2022.

［21］徐钢，唐玲，岳茜. 元宇宙技术与产业：人类数字迁徙之路［M］. 北京：清华大学出版社，2022.

［22］李林福. 极简元宇宙［M］.孔军，译. 北京：中译出版社，2022.

期刊类

［1］华子荀，黄慕雄，吴鹏泽，黄嘉歆. 数字化转型背景下教育元宇宙

数字技术进阶模型研究［J］．现代教育技术，2023（1）．

［2］赵书琪．元宇宙赋能职业教育：价值意蕴、应用机理与实践路径［J］．职业技术教育，2023（1）．

［3］杨宗凯．元宇宙推动教育的全面数字化转型［J］．教育研究，2022（12）．

［4］张笑然，石磊．元宇宙赋能思想政治教育的探究与展望［J］．自然辩证法研究，2022（12）．

［5］胡凡刚，王绪强．元宇宙赋能教育虚拟社区的伦理审视［J］．现代教育技术，2022（11）．

［6］王同聚．中小学教育元宇宙空间的构建及其教学应用［J］．现代教育技术，2022（11）．

［7］胡乐乐．元宇宙赋能我国高校思想政治教育工作：技术特性、内在机理、风险挑战［J］．南昌大学学报（人文社会科学版），2022（6）．

［8］蒙怡馨．元宇宙与思想政治教育数字化发展［J］．河海大学学报（哲学社会科学版），2022（5）．

［9］王争录，张博．元宇宙赋能信息素养教育：高质量信息素养教育实践［J］．图书馆，2022（10）．

［10］王慧媛．探索元宇宙：思想政治教育媒介的进化与创新［J］．学术探索，2022（10）．

［11］杜学元，赵斌刚．教育元宇宙：数字孪生高校的未来构想［J］．教育学术月刊，2022（10）．

［12］吕健，孙霄兵．教育元宇宙功能探析——基于补偿机制与内容生产［J］．学术探索，2022（10）．

［13］牛旭峰，夏海鹰．新兴科技赋能成人教育的伦理审视——元宇宙热下的冷思考［J］．成人教育，2022，（10）．

［14］徐祥伍，葛万宝，黄晓瑜．元宇宙+公共图书馆：虚实融生的社会教育发展新展望［J］．图书馆理论与实践，2022（5）．

［15］李芳，王春燕，马永良，阮婷．学前教育元宇宙"情境赋能"的理论意蕴与实践路径［J］．教育学术月刊，2022（8）．

［16］杨阳，陈丽．元宇宙的社会热议与"互联网+教育"的理性思考［J］．中国电化教育，2022（08）．

［17］沈金萍，杨宇卓．元宇宙在艺术和教育领域中的应用——以百度"希壤"元宇宙平台为例［J］．传媒，2022（4）．

［18］杨磊，朱德全．教育元宇宙：未来教育的乌托邦想象与技术伦理反思［J］．云南师范大学学报（哲学社会科学版），2022（4）．

［19］王建颖，张红．元宇宙：未来教育的生发奇点与现实挑战［J］．内蒙古社会科学，2022（4）．

［20］胡永斌，倪清，杨现民．元宇宙教育应用的国际镜鉴：进展、趋势与挑战［J］．现代远程教育研究，2022（5）．

［21］张惠，胡钦晓．元宇宙赋能在线教育的理性审视［J］．江苏高教，2022（7）．

［22］董旖旎．元宇宙赋能高校思想政治教育的价值意蕴与实践路径［J］．思想理论教育，2022（7）．

［23］王亚文，闫莉，王长元，王国珲．教育元宇宙场域下的实验教学探讨［J］．高等工程教育研究，2022（4）．

［24］赵森，易红郡．教育元宇宙：当前焦点、潜在主题与未来方向［J］．教育学术月刊，2022（6）．

［25］雒亮，祝智庭．元宇宙的教育实践价值与目标路径辨析［J］．中国远程教育，2022（6）．

［26］张敬威，苏慧丽，谢明月．公共属性抑或资本属性：元宇宙教育的

前提性批判〔J〕. 中国电化教育, 2022 (6).

〔27〕徐建, 王俊, 钟正, 张国良, 冯思佳. 教育元宇宙时代教师发展的挑战与应对〔J〕. 开放教育研究, 2022 (3).

〔28〕冯刚, 陈倩. 解构与重构: 元宇宙对网络思想政治教育的挑战及其应对〔J〕. 探索, 2022 (3).

〔29〕修南. 教育元宇宙: 职业学校教学改革的未来路向〔J〕. 中国职业技术教育, 2022 (14).

〔30〕黄欣荣, 曹贤平. 元宇宙对思想政治教育的挑战与机遇〔J〕. 江西师范大学学报 (哲学社会科学版), 2022 (2).

〔31〕王莛琪. 身体现象学视域下教育元宇宙应用的伦理思考〔J〕. 当代教育科学, 2022 (4).

〔32〕吴刚, 杨芳. 元宇宙与教育活动的 "物质转向": 老故事与新实在〔J〕. 南京社会科学, 2022 (4).

〔33〕董扣艳. 元宇宙在思想政治教育中的应用: 前景探测、伦理风险及其规避〔J〕. 思想理论教育, 2022 (4).

〔34〕李政涛, 吴冠军, 李芒, 严锋, 卜玉华. "元宇宙与未来教育" 笔谈〔J〕. 基础教育, 2022 (2).

〔35〕傅文晓, 赵文龙, 黄海舵. 教育元宇宙场域的具身学习效能实证研究〔J〕. 开放教育研究, 2022 (2).

〔36〕胡乐乐. 论元宇宙与高等教育改革创新〔J〕. 福建师范大学学报 (哲学社会科学版), 2022 (2).

〔37〕石磊, 张笑然. 元宇宙: 思想政治教育的未来场域〔J〕. 思想教育研究, 2022 (3).

〔38〕兰国帅, 魏家财, 黄春雨, 张怡, 贺玉婷, 赵晓丽. 学习元宇宙赋能教育: 构筑 "智能+" 教育应用的新样态〔J〕. 远程教育杂志, 2022

（2）．

［39］娄方园，邹轶韬，高振，齐梦娜，王书瑶，王娟．元宇宙赋能的图书馆社会教育：场景、审视与应对［J］．图书馆论坛，2022（7）．

［40］赵建超．元宇宙重塑网络思想政治教育论析［J］．思想理论教育，2022（2）．

［41］钟正，王俊，吴砥，朱莎，靳帅贞．教育元宇宙的应用潜力与典型场景探析［J］．开放教育研究，2022（1）．

［42］翟雪松，楚肖燕，王敏娟，张紫徽，董艳．教育元宇宙：新一代互联网教育形态的创新与挑战［J］．开放教育研究，2022（1）．

［43］刘革平，高楠，胡翰林，秦渝超．教育元宇宙：特征、机理及应用场景［J］．开放教育研究，2022（1）．

［44］唐玉溪，何伟光．元宇宙时代一流大学智能教育的创新路径——基于佐治亚州立大学的经验［J］．高教探索，2022（1）．

［45］郭亚军，李帅，马慧芳，李捷．图书馆即教育：元宇宙视域下的公共图书馆社会教育［J］．图书馆论坛，2022（5）．

［46］袁凡，陈卫东，徐铷忆，葛文硕，张宇帆，魏荟敏．场景赋能：场景化设计及其教育应用展望——兼论元宇宙时代全场景学习的实现机制［J］．远程教育杂志，2022（1）．

［47］蔡苏，焦新月，宋伯钧．打开教育的另一扇门——教育元宇宙的应用、挑战与展望［J］．现代教育技术，2022（1）．

［48］李海峰，王炜．元宇宙+教育：未来虚实融生的教育发展新样态［J］．现代远距离教育，2022（1）．

［49］郭亚军，袁一鸣，郭一若，李泽锋．元宇宙视域下的虚拟教育知识流转机制研究［J］．情报科学，2022（1）．

［50］刘革平，王星，高楠，胡翰林．从虚拟现实到元宇宙：在线教育的

新方向［J］. 现代远程教育研究，2021（6）.

［51］华子荀，黄慕雄. 教育元宇宙的教学场域架构、关键技术与实验研究［J］. 现代远程教育究，2021（6）.

［52］余乃忠. 元宇宙际遇下人类对"自我"的再认识［J］. 中州学刊，2023（02）：110–115.

［53］刘海明，付莎莎. 在线的隔离：元宇宙空间的交互距离与伦理问题［J］. 中州学刊，2023（2）.

［54］付堉琪. "元宇宙"与扩展空间社会学的想象力［J］. 学习与实践，2023（02）.

［55］张茂元，黄芷璇. 元宇宙：数字时代技术与社会的融合共生［J］. 中国青年研究，2023（2）.

［56］刘芳，吕鹏. 情感、空间与身体：元宇宙视域下青年群体情感危机的消解［J］. 中国青年研究，2023（2）.

［57］苏佳佳，叶浩生. 元宇宙与具"身"认知［J］. 心理研究，2023（1）.

［58］孙晓燕. "元宇宙"的"元"思考［J］. 编辑学刊，2023（1）.

［59］崔中良. 元宇宙中深度沉浸感的生成本质与基础［J］. 自然辩证法通讯，2023（2）.

［60］崔海英，张敏. 元宇宙游戏对青少年道德养成影响的理性审思［J］. 思想理论教育，2023（1）.

［61］杨东，梁伟亮. 重塑数据流量入口：元宇宙的发展逻辑与规制路径［J］. 武汉大学学报（哲学社会科学版），2023（1）.

［62］张宪丽. 元宇宙空间中的政府介入及其原则［J］. 华中科技大学学报（社会科学版），2023（1）.

［63］张源容. 是通往自由王国还是乌托邦的重现——元宇宙的社会变革

意义审视［J］．天府新论，2023（1）．

［64］杨宗凯．元宇宙推动教育的全面数字化转型［J］．教育研究，2022（12）．

［65］吴海琳，曾坤宁．元宇宙视域下的生活世界与交往行为转变［J］．社会科学辑刊，2023（01）．

［66］时立荣．元宇宙空间的虚实匹配及其社会性延展［J］．社会科学辑刊，2023（1）．

［67］张爱军，贾璐．元宇宙中促进人的自由而全面发展［J］．中国特色社会主义研究，2022（1）．

［68］刘琳．从"Metaverse"到"元宇宙"：概念辨析、意涵呈现与话语思考［J］．西南民族大学学报（人文社会科学版），2022（12）．

［69］黄欣荣，周光玲．元宇宙的生成逻辑［J］．南昌大学学报（人文社会科学版），2022（6）．

［70］张敏娜．元宇宙技术对未来文明的价值演绎［J］．理论与改革，2022（6）．

［71］魏景飞．虚实结合 交融共生：元宇宙的例外空间存在状态及其现实意义［J］．东岳论丛，2022（11）．

外文文献

［1］Stephenson N．*Snow crash*［M］．New York：Bantam Books，1992.

［2］Dede C．Immersive interfaces for engagement and learning［J］．*Science*，2009（5910）．

［3］Burdick F．Second life games［J］．*Library Journal*，2007（12）．

［4］Csikszentmihalyi M．Flow：*The psychology of optimal experience*［M］．New York：Harper & Row，1990.

［5］Kaufmann H，Schmalstieg D. Mathematics and geometry education with collaborative augmented reality［J］. *Computers & Graphics*，2003（3）.

［6］Chang S-C，Hwang G-J. Impacts of an augmented reality-based flipped learning guiding approach on students' scientific project performance and perceptions［J］. *Computers & Education*，2018（125）.

［7］Sahin D，Yilmaz R M. The effect of augmented reality technology on middle school students' achievements and attitudes towards science education［J］. *Computers & Education*，2020（144）.

［8］Chen S-Y，Liu S-Y. Using augmented reality to experiment with elements in a chemistry course［J］. *Computers in Human Behavior*，2020（111）.

［9］Cai S，Wang X，Chiang F-K. A case study of augmented reality simulation system application in a chemistry course［J］. *Computers in Human Behavior*，2014（37）.

［10］Arvanitis T N，Petrou A，Knight J F，et al. Human factors and qualitative pedagogical evaluation of a mobile augmented reality system for science education used by learners with physical disabilities［J］. *Personal and Ubiquitous Computing*，2007（3）.

［11］Cai S，Chiang F-K，Wang X. Using the augmented reality 3D technique for a convex imaging experiment in a physics course［J］. *International Journal of Engineering Education*，2013（4）.

［12］Cai S，Liu E，Yang Y，et al. Tablet-based AR technology：Impacts on students' conceptions and approaches to learning mathematics according to their self-efficacy［J］. *British Journal of Educational Technology*，2019（1）.

［13］Yang Y，Wu S，Wang D，et al. Effects of learning activities based on augmented reality on students' understanding and expression in an English class

［A］. Proceedings of the 27th International Conference on Computers in Education ［C］. Taiwan：Asia-Pacific Society for Computers in Education，2019.

［14］Tzanavaris S，Nikiforos S，Mouratidis D，et al. Virtual learning communities（VLCs）rethinking：From negotiation and conflict to prompting and inspiring［J］. *Education and Information Technologies*，2021（1）.

［15］Schwier R A. Catalysts，emphases，and elements of virtual learning communities：Implications for research and practice［J］. *Quarterly Review of Distance Education*，2001（1）.

［16］Garc í a-Garc í a C，Chulvi V，Royo M. Knowledge generation for enhancing design creativity through co-creative virtual learning communities［J］. *Thinking Skills and Creativity*，2017（24）.

［17］Jeong H，Cress U，Moskaliuk J，et al. Joint interactions in large online knowledge communities：The A3C framework［J］. *International Journal of Computer-Supported Collaborative Learning*，2017（2）.

［18］Koh J，Kim Y G. Sense of virtual community：A conceptual framework and empirical validation［J］. *International Journal of Electronic Commerce*，2003（2）.

［19］Chang K-E，Chang C-T，Hou H-T，et al. Development and behavioral pattern analysis of a mobile guide system with augmented reality for painting appreciation instruction in an art museum［J］. *Computers & Education*，2014（71）.

［20］Daniela L. Virtual museums as learning agents［J］. *Sustainability*，2020（7）.